"十四五"时期国家重点出版物出版专项规划项目

⭐ 转型时代的中国财经战略论丛 ◢

山东省社科理论重点研究基地对外开放与自贸区建设研究基地（山东财经大学）成果
山东省高等学校"青创人才引育计划"之"数字经济与国际分工重构研究创新团队"成果

复杂网络视角下 中国在全球价值链演变中的 地位及影响因素研究

Research on China's Position and Influencing Factors
in the Evolution of Global Value Chains from the Perspective of
Complex Networks

鞠　姗　著

中国财经出版传媒集团

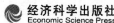
经济科学出版社
Economic Science Press

图书在版编目（CIP）数据

复杂网络视角下中国在全球价值链演变中的地位及影响因素研究/鞠姗著. -- 北京：经济科学出版社，2023.2

（转型时代的中国财经战略论丛）

ISBN 978 - 7 - 5218 - 4583 - 9

Ⅰ.①复…　Ⅱ.①鞠…　Ⅲ.①经济全球化 - 影响 - 中国经济 - 研究　Ⅳ.①F12

中国国家版本馆 CIP 数据核字（2023）第 036359 号

责任编辑：郎　晶
责任校对：蒋子明
责任印制：范　艳

复杂网络视角下中国在全球价值链演变中的地位及影响因素研究

鞠　姗　著

经济科学出版社出版、发行　新华书店经销

社址：北京市海淀区阜成路甲 28 号　邮编：100142

总编部电话：010 - 88191217　发行部电话：010 - 88191522

网址：www. esp. com. cn

电子邮箱：esp@ esp. com. cn

天猫网店：经济科学出版社旗舰店

网址：http://jjkxcbs. tmall. com

北京季蜂印刷有限公司印装

710×1000　16 开　14 印张　223000 字

2023 年 4 月第 1 版　2023 年 4 月第 1 次印刷

ISBN 978 - 7 - 5218 - 4583 - 9　定价：58.00 元

（图书出现印装问题，本社负责调换。电话：010 - 88191545）

（版权所有　侵权必究　打击盗版　举报热线：010 - 88191661

QQ：2242791300　营销中心电话：010 - 88191537

电子邮箱：dbts@ esp. com. cn）

总　序

　　"转型时代的中国财经战略论丛"是山东财经大学与经济科学出版社在"十三五"系列学术著作的基础上，在"十四五"期间继续合作推出的系列学术著作，属于"'十四五'时期国家重点出版物出版专项规划项目"。

　　自 2016 年起，山东财经大学就开始资助该系列学术著作的出版，至今已走过 6 个春秋，期间共资助出版了 122 部学术著作。这些著作的选题绝大部分隶属于经济学和管理学范畴，同时也涉及法学、艺术学、文学、教育学和理学等领域，有力地推动了我校经济学、管理学和其他学科门类的发展，促进了我校科学研究事业的进一步繁荣发展。

　　山东财经大学是财政部、教育部和山东省人民政府共同建设的高校，2011 年由原山东经济学院和原山东财政学院合并筹建，2012 年正式揭牌成立。学校现有专任教师 1690 人，其中教授 261 人、副教授 625 人。专任教师中具有博士学位的 982 人，其中入选青年长江学者 3 人、国家"万人计划"等国家级人才 11 人、全国五一劳动奖章获得者 1 人、"泰山学者"工程等省级人才 28 人，入选教育部教学指导委员会委员 8 人、全国优秀教师 16 人、省级教学名师 20 人。近年来，学校紧紧围绕建设全国一流财经特色名校的战略目标，以稳规模、优结构、提质量、强特色为主线，不断深化改革创新，整体学科实力跻身全国财经高校前列，经管类学科竞争力居省属高校首位。学校现拥有一级学科博士点 4 个，一级学科硕士点 11 个，硕士专业学位类别 20 个，博士后科研流动站 1 个。在全国第四轮学科评估中，应用经济学、工商管理获 B＋，管理科学与工程、公共管理获 B－，B＋以上学科数位居省属高校前三甲，学科实力进入全国财经高校前十。2016 年以来，学校聚焦内涵式发展，全面实施了科研强校战略，取得了可喜成绩。获批国家级课题项目 241 项，教育部及其他省部级课题项目 390 项，承担各级各类横向课题 445 项；教师共发表高水平学术论文 3700 余篇，出版著作 323 部。同时，新增了山东省重点实验室、山东省重点新型智库、山东省社科理论重点研究基地、山东省协同创新中心、山东省工程技术研究中心、山东省两化融合促进中心等科研平台。学校的发展为教师从事科学研究提供了广阔的平台，创造了更加良好的学术生态。

"十四五"时期是我国由全面建成小康社会向基本实现社会主义现代化迈进的关键时期，也是我校合校以来第二个十年的跃升发展期。今年党的二十大的胜利召开为学校高质量发展指明了新的方向，建校 70 周年暨合并建校 10 周年校庆也为学校内涵式发展注入了新的活力。作为"十四五"时期国家重点出版物出版专项规划项目，"转型时代的中国财经战略论丛"将继续坚持以马克思列宁主义、毛泽东思想、邓小平理论、"三个代表"重要思想、科学发展观、习近平新时代中国特色社会主义思想为指导，结合《中共中央关于制定国民经济和社会发展第十四个五年规划和二〇三五年远景目标的建议》以及党的二十大精神，将国家"十四五"期间重大财经战略作为重点选题，积极开展基础研究和应用研究。

"十四五"时期的"转型时代的中国财经战略论丛"将进一步体现鲜明的时代特征、问题导向和创新意识，着力推出反映我校学术前沿水平、体现相关领域高水准的创新性成果，更好地服务我校一流学科和高水平大学建设，展现我校财经特色名校工程建设成效。通过向广大教师提供进一步的出版资助，鼓励我校广大教师潜心治学，扎实研究，在基础研究上密切跟踪国内外学术发展和学科建设的前沿与动态，着力推进学科体系、学术体系和话语体系建设与创新；在应用研究上立足党和国家事业发展需要，聚焦经济社会发展中的全局性、战略性和前瞻性的重大理论与实践问题，力求提出一些具有现实性、针对性和较强参考价值的思路和对策。

山东财经大学校长

2022 年 10 月 28 日

目　录

第1章 导　　论

1.1　问题的提出

1.1.1　选题背景

全球价值链（global value chain，GVC）分工是当今国际分工的主要形式。据世界银行统计，目前约 2/3 的世界贸易为跨境生产的中间品交易，当前一国总出口价值中平均约有 1/4 来自国外进口。① 过去 20 余年，中国利用廉价劳动力等低成本优势嵌入全球价值链，抓住了难得的发展机遇，成长为全球价值链中不可或缺的国家，生产率和收入都有所提高，但也出现了"低端锁定"问题。当前，世界经济正处于深度调整期，中国能否借新的发展战略实现向全球价值链高端攀升并主导区域价值链，进而增强在国际分工中的获利能力，促进国内就业和创新？在逆全球化和贸易保护主义趋势渐强的背景下，2017 年起美国相继通过 301 调查、关税等政策发起对中国的贸易争端，2020 年初以来新冠肺炎疫情又给全球经济带来巨大的系统性冲击，在世界经济不确定性增强的

---

① The World Bank. Global Value Chains: Trading for Development in the Age of Global Value Chains [EB/OL]. World Development Report 2020. https://www.worldbank.org/en/publication/wdr2020.

当下，全球价值链的结构和中国的地位将如何演变？要理解和回答这些亟待解决的问题，需要明晰全球及区域范围价值链上的分工格局及演化过程，也要把握中国在这些价值链分工中的地位变化和影响因素，这正是本研究重点关注的，这些问题的答案可为中国的外贸及产业政策提供参考。

1.1.2　选题意义

相较于现有文献，本研究对中国在全球价值链中地位的研究视角从"局部""线性"扩展为"全局""立体"。由于网络的拓扑结构可以很好地揭示复杂经济系统的内在规律，本研究将中国所属的全球及区域范围价值链视为复杂网络，借助复杂网络的理论和工具既观察网络格局、演变轨迹及规律，又注重从国家层面分析我国在网络变化中的位置、从产业层面识别我国在网络关键产业中的地位及我国重要产业的全球价值构成，是对全球价值链及国际分工理论的有益扩展和补充。

本研究除了分析中国在全球范围内价值链演变中的地位和影响因素，还测度、对比了中国在"一带一路"、东盟 10 + 3 主要区域经济合作中的价值链地位及影响因素，并对中日韩在全球及东盟 10 + 3 价值链中的地位进行了比较，是对区域经济一体化理论的丰富和完善。

现有基于复杂网络的全球价值链研究重点关注的并非中国，而本研究开展的是以中国为本位的研究。本研究基于 2016 年 11 月最新发布的投入产出数据库（World Input – Output Database，WIOD），运用复杂网络的理论和方法测度 2000 ~ 2014 年中国所属的全球及主要区域经济合作范围价值链网络的拓扑结构及特征，从而勾勒出国家（地区）和产业层面全球价值链网络的演变图，并重点分析中国在其中地位的变化及影响因素。与一国在价值链网络中位置相对应的是该国在网络中的收益（包括贸易增加值量的规模及来源、竞争力改变、本国就业人数的增加和就业结构的升级、创新能力提高等），因而本研究的结果可以为中国更好地融入世界分工体系、参与区域经济合作，实现产业升级、就业数量质量提升、创新能力增强等提供有效可行的贸易、产业、就业政策建议。

1.2　研　究　方　法

本研究定位于理论应用类研究，研究过程中采用综合的分析方法，以更立体、多维的角度综合考察中国在全球价值链演变中的地位及影响因素，具体的研究方法包括：

第一，复杂网络分析方法。本书从复杂网络视角观察中国在全球以及区域价值链中的地位，全球价值链及"一带一路"等区域价值链网络的构建、网络整体及节点拓扑特征的测度、网络中某产业价值树的刻画、以产业价值树为基础的中心性测度、全球价值链及"一带一路"区域价值链网络演化博弈仿真，以及新冠肺炎疫情引发的金融风险沿全球价值链网络的传播等问题的分析都基于复杂网络相关理论和方法。

第二，投入产出分析方法。全球价值链和"一带一路"区域价值链网络的构建基于世界投入产出表的数据和国家之间的增加值贸易关系。一国总出口中使用的另一国所提供的增加值量，需要借助投入产出分析方法中里昂惕夫逆矩阵的计算。

第三，统计与计量分析方法。分析新冠肺炎疫情引发的金融风险沿全球价值链网络传播的效应时，影响传播效应的一国国内因素众多且存在信息重叠，需要利用因子分析方法将多变量归结为少数几个不相关的综合因子；在对制度质量影响一国全球价值链地位这一问题进行实证分析时，控制其他影响因素的前提下，以制度为核心解释变量，利用静态和动态面板数据方法来完成；在着重考察健康人力资本这一影响因素时，本书使用了门限效应回归方法，挖掘了健康人力资本在不同人均国内生产总值（GDP）水平下对一国增加值供给能力的影响。

3

第四，文献借鉴及引申的方法。本书在写作过程中，针对一国全球价值链地位的测度、影响一国全球价值链地位的各类因素等主要研究对象，需参考大量国内外公开发表的经典文献，在总结、借鉴前人相关成果的基础上，从复杂网络视角系统评估中国在全球价值链以及主要区域价值链网络中的地位并研究主要影响因素，最后形成自己的观点，为世界经济不确定形势下我国在全球及主要区域价值链中地位的提升提供相应的宏观经济及产业政策建议。

第五，比较分析法。一方面纵向比较观察中国 2000～2014 年在全球价值链网络、2010～2017 年在"一带一路"区域价值链网络和2005～2015 年在东盟 10＋3 区域价值链网络演变中的地位变化；另一方面横向比较中国与德国、美国等当前全球价值链中心国，以及中日韩三国地位的不同及原因。

第六，宏观与中观分析相结合。本研究分别以国家（地区）和产业为节点、根据一国总出口中的国（地区）外增加值是否大于门槛值和产业间投入产出值确定边界，从宏观（国家）和中观（产业）视角相应构建有向无权全球价值链复杂网络，在两个层面识别中国在全球价值链演变中的地位变化。

1.3　主要内容和思路

本书以复杂网络、国际分工理论为基础，借鉴和吸收已有相关研究成果，首先测度样本期中国所属的全球和主要区域合作范围内价值链网络的拓扑结构及特征，从国家和产业层面厘清全球价值链网络的演变轨迹、规律及中国在网络中地位的变化。在此基础上，本书理论和实证分析中国在全球价值链演变中地位变化的影响因素。再基于网络结构特征，对全球及"一带一路"价值链网络合作进行了演化博弈仿真。本书也探讨了新冠肺炎疫情引发的金融风险沿全球价值链网络传播的效应。最后，本书系统总结了中国在全球价值链演变中地位和收益提升的对策建议。全文共分 8 章，以下是对各章主要内容及相互之间逻辑关系的简要介绍。

第 1 章为导论。本章介绍选题的背景和意义，说明主要的研究方法、内容和逻辑框架，并指出本书的主要创新之处。

第 2 章为文献综述。本章从复杂网络基本理论和方法、基于复杂网络理论的国际分工格局、全球价值链地位衡量及测度、全球价值链地位影响因素等几方面对现有文献进行综合评析：现有运用复杂网络方法分析国家间增值贸易关系的文献主要应用的是复杂网络建模、拓扑特征静态统计和网络搜索方法，而网络博弈方法目前仅用于总值贸易的分析；定量考察中国在全球价值链中地位的研究更多使用垂直专业化指数和 GVC 参与度指数、GVC 地位指数；关于影响一国在全球价值链中地位的因素，现有文献研究了包括要素禀赋、制度质量、汇率弹性、规模经济、区域经济一体化、国际环境等方面。

第 3 章为以国家（地区）为节点的价值链网络演变及中国地位分析。本章在明确了以国家（地区）为节点的价值链网络构建方法和包括平均度、平均测地线距离、双向关系指数、度同配性、集聚系数等在内的网络整体拓扑特征指标以及包括度值、度中心性和接近度中心性等在内的网络节点拓扑特征指标计算方法之后，分别测度了全球价值链网络、“一带一路”价值链网络、东盟 10 + 3 价值链网络的整体和节点拓扑特征值，观察了网络整体的演变和中国在这些价值链网络中的地位变化，并进一步比较了中日韩三国在全球价值链网络和东盟 10 + 3 价值链网络中地位的差异及变化。

第 4 章是以产业为节点的价值链网络演变及中国地位分析。首先，本章明确以产业为节点的价值链网络构建方法、产业全球价值树刻画方法和以全球价值树为基础的产业重要度测算方法。其次，本章对全球价值链网络和“一带一路”价值链网络中各国产业的增加值的供给和需求状况进行比较，从中厘清位于前几位的中国产业。最后，本章利用以全球价值树为基础的产业重要度测算方法，计算 2014 年中日韩出口前五位行业在全球价值链中的重要度并进行对比，也画出了 2014 年中国出口占比最大的计算机、电子和光学产品制造业的全球价值树并进行分析。

第 5 章是中国在全球价值链网络演变中地位的影响因素分析。本章通过理论和数据分析了影响中国在全球价值链网络演变中地位的各种因素，包括贸易保护主义、新冠肺炎疫情的冲击、要素禀赋、技术创新、人力资本、基础设施、区域贸易安排、特朗普政府税改政策、制度质量、直接投资、服务业发展、融资约束、人民币汇率等。然后分别借助动态面板和面板门限等方法实证分析了制度质量和健康人力资本对一国价值链地位的影响；引入全球贸易分析模型（GTAP 模型），模拟了《区域全面经济伙伴关系协定》（RCEP）对中国出口贸易增加值的影响；在熵值法测度中国数字经济发展水平的基础上，通过时间序列方法研究了中国向全球增加值贸易网络中所有其他国家总出口生产提供的增加值总量与数字经济发展之间的关系。

第 6 章为价值链网络合作的演化博弈仿真。本章以网络演化博弈方法为分析框架，在网络结构和节点中心性特征的基础上，对全球价值链及"一带一路"价值链网络中各节点国家的合作行为进行计算机仿真分析。具体仿真了在囚徒、猎鹿和雪崩三种困境中的较低、中等、较高三种不同程度的背叛诱惑下，全球价值链和"一带一路"价值链网络中的核心节点国家是否合作的策略选择、对网络整体合作水平的作用及影响。本章在"一带一路"价值链网络合作的演化博弈仿真中，还考虑了博弈成本的影响。

第 7 章是新冠肺炎疫情沿全球价值链网络的传播。本章从金融风险的视角阐述了新冠肺炎疫情引发的金融风险沿全球价值链网络传播的直接和间接两种机制，并采用因子分析法和多元线性回归方法，实证检验了新冠肺炎疫情引发的金融风险沿全球价值链网络传播的效应。

第 8 章是结论、政策启示及研究展望。本章对全书主要研究结论进行了总结，提炼了核心观点，并提出了短期和长期内中国在全球价值链及主要合作区域价值链中地位提升的宏观和中观政策启示，再对今后可能的研究方向进行了展望。

正如图 1-1 所示，从提出问题到解决问题，各章内容既相互独立又紧密相连，层层推进，构成了一个完整的逻辑框架。

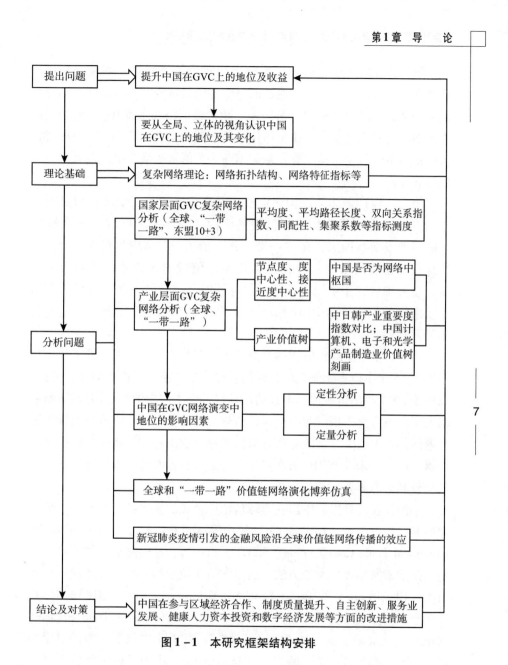

图 1-1 本研究框架结构安排

1.4 主要创新点

本书的创新之处包括:

第一，在以国家（地区）为节点构建价值链网络并测度分析网络整体和节点特征及中国在价值链网络中地位的演变时，不仅观察全球价值链网络，也测度分析"一带一路"价值链网络和东盟 10 + 3 价值链网络。而已有研究主要集中在全球价值链网络的分析，涉及"一带一路"价值链网络的较少，尚没有对东盟 10 + 3 价值链网络及中国在其中的地位开展分析。

第二，以产业为节点构建价值链网络，分析了在全球价值链网络中为其他产业提供增加值和使用网络内其他国家提供增加值量前 10 位的行业及所属国家，在"一带一路"价值链网络中为其他产业提供增加值和使用网络内其他国家提供增加值量前 5 位的行业及所属国家，也分别研究了中国在全球价值链网络及"一带一路"价值链网络中供求增加值位于前 10 位和前 5 位的行业。现有研究尚未从这个视角进行观察。

第三，基于全球价值树的产业重要度测算方法，分别计算了中日韩三国 2014 年出口占比前 5 位行业的重要度指数值，并进行对比。此外，以中国 2014 年出口占比第 1 位的计算机、电子和光学产品制造业为例，画出了以该行业为根产业的全球价值树，并分析了该行业所涉及国家和产业间的增加值关系。既有研究只涉及重要度测算和产业全球价值树的刻画方法，并未以 WIOD 最新数据为基础，也没有针对中日韩三国产业的比较和中国重要产业的分析。

第四，在考察影响中国在全球价值链地位的基本经济因素之一要素禀赋时，借鉴劳尔（Lall，2000）使用国际贸易标准分类（Standard International Trade Classification，SITC）（第 3 版）3 位数层次的贸易数据对产品要素密集度分类的方法，通过 SITC3 位数编码与按广泛经济类别分类（Classification by Broad Economic Categories，BEC）编码的对应，从联合国商品贸易统计数据库（United Nations Commodity Trade Statistics Database，Uncomtrade）按 BEC 分类的贸易数据库中找到中国进口中间投入品的数据进行加总，测算了 2000 ~ 2018 年中国进口中间投入品的要素密集度。在分析一国在全球价值链中地位的各种影响因素时，通过面板门限效应回归方法，着重考察了健康人力资本的影响，现有研究在分析人力资本影响一国全球价值链地位时，更多关注教育人力资本。通过引入全球贸易分析模型（global trade analysis project，GTAP），经由数据转换构建起 GTAP 模型和库普曼等 （Koopman et al.，2014） 贸易分解模型 （以下简称 KWW） 的链接，从而模拟 RCEP 生效的不同情况下，中国对各区域的出口贸易分解，探究 RCEP 对中国出口贸易增加值的影响。

第五，基于亚洲开发银行 2010～2017 年的投入产出数据，运用网络演化博弈方法仿真分析了在囚徒、猎鹿和雪崩三种困境中的较低、中等、较高三种不同程度的背叛诱惑下，全球价值链和"一带一路"价值链网络中的核心节点国家是否合作的策略选择、对网络整体合作水平的作用及影响。现有"一带一路"国家增加值贸易网络的研究，数据截止到 2013 年，无法反映"一带一路"倡议提出并实践以后的变化；现有从复杂网络视角分析增加值贸易的文献，尚未涉及网络合作问题的分析；应用网络演化博弈方法分析国际贸易合作的研究又主要针对总值贸易，且未关注中心节点策略选择的影响。

第2章 文献综述

第二次世界大战结束以来，科学技术从简单机械论科学向新兴复杂科学转变，在复杂系统一般规律的探索过程中，复杂性科学与系统科学产生交叉，诞生了复杂系统理论。由于无论是自然科学还是社会科学都涉及系统问题，从 20 世纪七八十年代开始，复杂系统和复杂网络方法逐渐渗透到政治、经济、行为、思维、文艺等多学科多领域的研究中，也包括国际贸易。本章从复杂网络基本理论和方法、基于复杂网络理论的国际分工格局、全球价值链地位衡量及测度、全球价值链地位影响因素等几方面对现有文献进行综合评析。

2.1 复杂网络基本理论和方法

郭世泽和陆哲明（2012）系统研究了自 2000 年以来被各领域研究广泛使用的复杂网络基础理论和方法，包括复杂网络拓扑结构的静态统计方法、复杂网络建模类型、复杂网络上的传播动力学、复杂网络中的搜索以及复杂网络中的博弈。

第一，复杂网络拓扑结构的静态统计方法。构成一个复杂网络的基本要素即节点和边（边表示节点之间的关系），依据节点之间的关系是否强调方向，网络区分为有向和无向网络；依据节点之间相互作用强度是否存在差异，网络区分为加权和无权网络。网络拓扑结构的静态特征主要涉及网络整体和节点两个方面：衡量网络整体静态特征的三个基本统计指标为平均距离、集聚系数和度分布，测度节点静态特征的两个基本统计指标为度值和度中心性。

第二，复杂网络建模类型。每一种网络系统都有其特殊的生成和演化机制，目前研究中较成型的网络模型包括规则网络、随机网络、小世界网络和无标度网络。规则网络中各节点之间的联系具有既定的规则，节点间按纯粹随机方式连线得到的网络即随机网络，小世界网络的突出特征是集聚系数高且平均距离短，无标度网络节点的度没有明显的特征长度。对现实网络类型的判断一般依据网络的度分布，随机网络和小世界网络的度分布均为近似的泊松分布，而无标度网络的度分布是幂律形式。

第三，复杂网络上的传播动力学。复杂网络上的传播动力学主要研究社会和自然界里各种事物在复杂网络里的传播规律、过程和控制方法。王维红（2012）、王毅（2016）理论分析了金融危机经由国际贸易网络传播的直接和间接两种机制：直接机制是指一个发生金融危机的国家货币贬值，导致其贸易伙伴国贸易赤字增加，从而引发金融危机；间接机制是指一个发生金融危机的国家货币贬值，导致其贸易竞争对手国实施货币竞争性贬值，从而诱发金融危机。在此基础上，王维红（2012）建立了网络传播回归模型，实证检验了影响一国受金融危机传播影响的各种因素。迪斯泰法诺等（Distefano et al.，2018）通过实证分析 1986~2011 年间四种主要粮食（小麦、玉米、大米和大豆）在国家层面和全球层面上的贸易冲击扩散情况，发现进口国的人均收入与冲击的传播有关，发展中国家倾向于吸收大部分的贸易冲击，全球粮食价格与实际商品流量之间的相关性很弱。周靖等（2018）基于联合国商品贸易统计数据，利用级联失效模型（该模型是指网络中少数节点或边发生故障后，对有关联的节点产生冲击，进而引起连锁反应，使整个网络系统瘫痪的动态过程）仿真分析了经济危机通过贸易网络传播的影响和特性，发现节点国家之间的贸易依赖关系是影响经济危机传播的重要原因。

第四，复杂网络中的搜索。复杂网络搜索本质上是一个信息传递的过程，从一个源节点开始，按照一定的规则将查询信息传递给其邻居节点，这些邻居节点再按照相同的规则将查询信息传递给它们的邻居节点，这个过程依次展开直至源节点所需的信息在整个网络中完成查询。常用的查询规则或者说搜索策略有广度优先搜索、最大度搜索和随机行走搜索。朱等（Zhu et al.，2015）基于 WIOD（2013）数据库构建全球增加值贸易网络后，使用广度优先搜索算法每次从一个不同的产业开始搜索，最终建立了 WIOD 中包含的所有产业的全球价值树。

第五，复杂网络中的博弈。作为演化博弈论的内容之一，网络博弈关注的核心问题是理解在一定的空间结构中自利个体如何形成广泛合作，具体而言，是各种网络结构和特征在节点博弈中对网络合作行为的影响。这方面的研究始于诺瓦克和梅（Nowak & May，1992）在囚徒困境中对规则格子网络博弈演化的仿真分析，之后泰斯法特森（Tesfatsion，1997）、艾布拉姆森和库珀曼（Abramson & Kuperman，2001）、桑托斯和帕切科（Santos & Pacheco，2005）、谢逢洁（2016）等国内外学者在这方面的理论探索不断丰富。在仿真分析中，除了通过一定规则生成各种类型网络之外，近年来学者们开始在实际数据构建的网络特征的基础上仿真网络的合作行为演化。赵昌平等（2018）基于联合国贸发会议数据库构建南海利益相关体国家及南海航线国家间的总值贸易网络并进行了仿真分析，发现猎鹿博弈比囚徒困境博弈和雪崩博弈更容易在合作策略上稳定下来。

2.2 基于复杂网络理论的国际分工格局

从复杂网络视角研究国际分工的文献主要涵盖两大类，即基于总值贸易数据和基于增加值贸易数据的文献。

2.2.1 总值国际贸易网络

由于对国际贸易的核算始于总值贸易，因而从复杂网络视角研究国际分工的文献大多基于总值贸易数据，即根据研究对象和目的选择复杂网络中的有向或无向、无权或加权网络模型，以 Uncomtrade 等发布的总值贸易数据测度国际分工网络的拓扑结构及密度、节点度、中心性、点强度、集聚系数、模块度、熵值等特征指标，从而厘清整体或某类产品（如高端制造、石油、汽车零部件、大宗矿产品、光伏、农产品等）的国际分工格局特征、演变规律及主要贸易国地位。

斯奈德和基克（Snyder & Kick，1979）首次以国家（地区）为节点、以国家间总值贸易流为边构建了总值国际贸易网络并进行测算，证明了世界体系呈现"核心—半外围—外围"结构。塞拉诺和博古纳 (Serrano & Boguná, 2003) 基于国际贸易中心 (International Trade Center, ITC) 发布的数据建立了世界不同国家之间的贸易关系网络，发现该网络显示了复杂网络的典型属性，即无标度的度分布、较小的世界属性、较高的聚类系数以及不同顶点之间的度—度相关性。德本尼迪克特和塔若利 (De Benedictis & Tajoli, 2011) 利用国际货币基金组织 (IMF)《贸易方向统计》中的双边国家进口数据，构建了 1950~2000 年 15 个国家的进口总值贸易网络，通过分析该网络的密度、接近度、中心性和度分布等属性发现：世界贸易网络确实在过去几十年中发生了变化，尤其是交易系统变得愈加联系紧密，而各国之间的异质性增加；网络平均距离先减小后增加，且网络中许多国家或地区的位置发生了变化；分析还表明，贸易政策在塑造贸易网络方面确实发挥了作用。阿克曼和塞姆 (Akerman & Seim, 2014) 使用 1950~2007 年间所有主要常规武器国际转移的斯德哥尔摩国际和平研究所 (Stockholm International Peace Research Institute, SIPRI) 数据研究了全球武器贸易网络随时间的演变，发现全球武器贸易网络在样本期发生了几个方面的巨大变化，即随着时间的推移变得更加密集、聚集和"去中心化"。杨等 (Yang et al., 2015) 基于 1988~2013 年的联合国商品贸易数据库，运用复杂网络方法分析了全球原油贸易的地理特征及其演变，结果表明世界原油贸易可以同时捕获小世界和平坦世界网络的特征。蔡和宋 (Cai & Song, 2016) 在分析世界农产品贸易网络时，在中观层面上使用加权极值优化算法和粗粒度过程将国家分为反映"核心—外围"结构的三个社区，在微观层面上借助网络的节点中心性对国家进行排序，发现世界农产品贸易呈现封闭、不平衡、多样化和多极化的发展。

国内学者对总值贸易网络的研究也比较丰富，程淑佳和王肇钧 (2011) 使用 ITC 发布的数据，构建了 2001~2009 年世界原油贸易网络并测算了网络的节点度和结构熵等拓扑特征，发现世界原油贸易的节点数随时间推移而增加，网络呈非均质和有序性。孙天阳等 (2014) 基于 Uncomtrade 数据，对 1992~2011 年世界高端制造业贸易进行了有向和无向网络分析，对测算出的 10 项网络拓扑特征指标值的主成分分析结果表明，发达国家在世界高端制造业贸易中的优势非常明显。许和连和孙天阳 (2015) 使用 Uncomtrade 数据构建了 244 个国家和地区之间

1992～2013 年 91 种高端制造业产品的贸易网络，通过社团方法厘清了世界高端制造业贸易网络的社团演化阶段及特征，特别指出美国在亚太高端制造业产品贸易竞争中优势明显，挤占了一部分中国在该地区的出口份额。马述忠等（2016）使用 Uncomtrade 数据构建全球 71 个国家 1996～2013 年间的农产品贸易网络并考察了网络的拓扑特征，发现网络密度值增加（即国家间农产品贸易关联逐渐紧密），网络中心性呈左偏分布（即多数国家在世界农产品贸易中所占比重较小）。吴宗柠等（2018）将小麦国际贸易网络置于双曲几何理论框架中，发现 1995～2015 年小麦国际贸易一体化趋势渐强，网络呈现"核心—边缘"结构，俄罗斯比较优势显著。洪俊杰和商辉（2019）使用 Uncomtrade 数据构建了 71 个国家 1995～2015 年的国际贸易网络，并通过中心性指标估算了各国在网络中的枢纽地位，且实证分析了影响一国枢纽地位的各种因素，认为中国需要积极构建新的综合优势以提升自身枢纽地位。

2.2.2 增加值国际贸易网络

由于总值贸易无法反映垂直专业化这一当今国际分工的典型特征，随着 WIOD 的发布，少数国外学者率先开始将复杂网络的理论和工具应用于全球价值链的研究中。复杂网络分析方法应用于全球增加值贸易关系的研究始于利用可视化工具描绘增加值贸易网络图。费拉里尼（Ferrarini，2013）基于 2006 年和 2007 年法国国际信息与前景研究中心的国际贸易分析基础（Base Pour L'Analyse Du Commerce International，BACI）按海关分类的商品贸易双边数据，以分析对象中的 75 个国家（地区）为节点、以一国某产业进口零部件中另一国所占份额作为决定两国间增加值关系的边，用可视化工具展示了全球增加值贸易联系的整体状况。除了描绘网络图，该类研究逐渐拓展到通过测算全球增加值贸易网络的拓扑特征来呈现各国增加值贸易关系的格局及演变。朱等（Zhu et al.，2015）基于 2013 年发布的 WIOD，以产业为节点、以增值关系为边界构建了全球价值网络，发现该网络的拓扑结构为树型而非链型，并通过广度优先搜索算法描绘出了各产业的全球价值树，进而重点分析了德国、韩国、日本等国交通运输产业的价值构成。瑟瑞娜等（Cerina et al.，2015）基于 WIOD（2013），以产业为节点、以价值流为边界构建了世界投入产出网络，发现全球产业呈高度且不对称关联，世界生产网络中存在以德国为中心的欧洲社团和以美国为中心的北美社团，中美德日四国在所考察的年份和产业中占有重要地位。阿马多尔和卡布拉尔（Amador & Cabral，2017）基于 WIOD（2013），以国家（地区）为节点、以增加值流为边界构建了全球价值链网络，发现该网络具有集中性和不对称性，网络中德国主要供应商品而美国供应服务，中国作为增加值供应国的地位在上升，俄罗斯是别国商品出口中投入品的重要供应国。

国内学者也运用复杂网络方法研究了全球及"一带一路"等区域增加值贸易关系。王彦芳和陈淑梅（2017）关注了个别年份制造业四种类型增加值贸易网络的整体结构特征及节点中心性，即被国外吸收的国内增加值贸易网络（DVA 网络）、返回并被本国吸收的国内增加值贸易网络（RDV 网络）、国外增加值贸易网络（FVA 网络）和纯重复计算部分网络（PDC 网络），发现中国除在第一类网络中的出口小幅下降之外，在其他几类网络中的出口均上升。文雷等（2018）除测度全球增加值网络整体及节点拓扑特征指标之外，还运用二次指派程序方法刻画了 1995～2010 年增加值贸易格局的演化，发现 1995～2005 年期间增加值贸易网络格局较为平稳，而受 2008 年金融危机影响，2005～2010 年期间增加值贸易网络格局变动明显。杜运苏和彭冬冬（2018）采用阿马多尔和卡布拉尔（2017）的方法构建了 2000～2014 年全球增加值贸易网络，测度了网络整体和节点的拓扑特征，发现 2008 年金融危机之后全球增加值贸易网络密度提高，中国在制造业全球增加值贸易网络中的地位显著提升。孙天阳等（2018）关注了 2000～2015 年制造业四种类型的增加值贸易网络特征，发现四种网络基本形成了亚太、欧洲两个较为稳定的社团结构。辛娜和袁红林（2019）基于 WIOD 构建了 2000～2014 年全球高端制造业贸易网络，并测度了网络整体和节点中心性特征，证实了德国和美国仍为网络中心国家。王博等（2019）使用 1990～2013 年的数据，构建了"一带一路"沿线 61 国制造业增加值贸易网络，重点分析了国内增加值、国外增加值网络总体及个体节点特征，发现中国是网络核心国之一。

15

2.3 中国在全球价值链中地位的测度

现有文献在定量考察中国在全球价值链中的地位时，主要有两类方法：第一类，基于贸易附加值测算结果估计中国的垂直分工参与度；第二类，从价值链的结构测度出发，首先确定每一个具体行业在价值链上的相对位置，然后关注各国在这些行业间的贸易分配。

2.3.1 基于贸易附加值的中国垂直分工参与度

该类研究多使用胡梅尔斯等（Hummels et al.，2001）首先提出的垂直专业化（Vertical Specialization，VS）指数或库普曼等（2010）构建的 GVC 参与度指数、GVC 地位指数及其拓展，以及库普曼等（2014）的 KWW 分解框架，基于 WIOD 或经济合作与发展组织（Organization for Economic Co-operation and Development，OECD）、世界贸易组织（World Trade Organization，WTO）发布的增加值贸易数据库（TiVA）测度中国制造业或服务业整体和细分行业在全球价值链中的地位。狄恩等（Dean et al.，2011）基于胡梅尔斯等（2001）的方法，对中国出口的 VS 进行了评估，测算得出中国出口的国外含量估计在 1997 年约为 18%、2002 年为 25%，与 IT 相关的部门在这两年中都显示出了最高的国外含量，在 2002 年达到了 55% 的最高水平。库普曼等（2012）着重估计了中国数据，发现在中国加入世贸组织之前，其国内成分在制成品出口中所占的比例约为 50%，此后上升至近 60%，但较为复杂的电子设备制造业国内含量特别低（约 30% 或更少）。胡昭玲和张咏华（2012）利用胡梅尔斯等（2001）的方法，比较了中国 2000 年和 2005 年制造业的垂直专业化率，发现高技术行业融入全球价值链的程度较高。樊茂清和黄薇（2016）在库普曼等（2012）方法的基础上，对出口贸易增加值进行了总需求和总供给两方面的拓展和分解。周彦霞和郭一文（2017）采用库普曼等（2012）的测算方法比较了中日两国 1995 年、2000 年、2005 年、2008 年和 2009 年的 GVC 总体参与度、前向参与度与后向参与度，认为中日两国参与全球价值链的模式差异显著。黄玉霞和谢建国

（2019）使用胡梅尔斯等（2001）的方法测算了中国 2005~2014 年服务业的垂直专业化值，发现知识密集性服务业的垂直专业化水平较高。程盈莹和成东申（2020）根据王等（Wang et al.，2013）总贸易流量分解方法（以下简称 WWZ 方法）测算了总的垂直专业化率，并进一步分解测算了中国 2000~2014 年的前向和后向垂直专业化率。

2.3.2 基于价值链结构的中国"上游度"指标

这类方法通常采用国别或国际投入产出表结合海关数据测算由法利（Fally，2011）和安特拉斯等（Antràs et al.，2012）提出的行业"上游度"指标，从而判断中国各行业在全球价值链上的地位。鞠建东等（2014）采用上述方法测算了中国 122 个部门的行业上游度指数，发现中国的出口较偏向价值链的上游。马风涛（2015）用此方法测度了中国 1995~2011 年各制造业部门的上游度值，发现炼焦、精炼石油及核燃料等产业的上游度值较高而皮革、皮革制品和鞋类等行业的上游度值较低。董有德和唐云龙（2017）对 1995~2011 年间中国各产业上游度指数的测算结果表明，上游度指数值较高的为资源型产业，较低的是公共部门，而包括机械及电子产品制造等大部分产业位于中游。张为付和戴翔（2017）根据安特拉斯等（2012）的行业上游度指标分别计算了中国 2000~2014 年整体、制造业以服务业的出口上游度，认为中国整体在全球价值链中的分工地位呈上升趋势，这主要得益于制造业分工地位的改善，但服务业分工地位趋于下降。钟惠芸（2018）对服务业的研究得出了不同的结论，认为 2000~2011 年期间中国服务业的上游度值在提高。

17

2.4 一国在全球价值链中地位的影响因素

随着全球价值链研究的拓展和深入，对一国在全球价值链中地位影响因素的分析也逐渐丰富，现有文献涉及的因素较多，主要集中在（常作为核心解释变量的因素）要素禀赋、制度质量和直接投资等方面。

2.4.1　要素禀赋

古典国际分工理论指出，一国天然要素禀赋是其参与国际贸易的比较优势来源之一，在国际分工发展到产品内分工（全球价值链合作）的阶段，学者们认为要素禀赋仍然可以解释国家间的增加值贸易。特勒副勒尔和朱（Trefler & Zhu，2010）在数理推导基础上，使用41个国家的投入产出表验证了要素禀赋是增加值出口比较优势的重要来源之一。鞠建东等（2014）采用罗马利斯（Romalis，2004）年提出的回归模型，实证检验了要素禀赋对中国从其几个贸易伙伴国增加值进口的影响，并以美国数据进行了稳健性检验，均表明资本丰裕的国家倾向于资本密集型产品增加值的出口，人力资本丰裕（教育水平较高）的国家倾向于技术密集型产品增加值的出口。刘胜等（2016）认为要素禀赋水平对国家嵌入全球价值链地位具有显著影响，一国要素禀赋结构从劳动禀赋优势向资本技术禀赋优势的转换，有利于一国在全球价值链中地位的攀升。

2.4.2　制度质量

张杰和刘志彪（2008）从发展中国家参与全球价值链的客体对象常为地方产业集群的现象出发，定性分析了制度质量对产业集群参与全球价值链升级的影响：一方面，社会信用体系缺失导致产业集群中的小企业在参与全球分工时优先选择"进入壁垒"较低的低端生产环节；另一方面，知识产权保护制度的缺位使得集群中企业缺乏技术创新投入的动力。完善的知识产权保护制度为跨国公司在东道国采用先进工艺或向东道国转移技术含量更高的生产环节提供动力。戴翔和郑岚（2015）认为，在全球价值链（或工序分工）的模式下，制度质量可能是一国比较优势的重要影响因素甚至是决定因素，其微观作用机理主要在于对成本的影响。具体而言，跨国公司在全球范围内布局生产环节时，从利润最大化或成本最小化出发，考虑的是将某一生产环节放置于某地所带来的效益提升与交易费用之差的最大值。效益提升主要源于地区间要素禀赋的不同，而契约的执行程度、市场的完善程度、政府的行政效率、司法执法的有效性等制度质量则是影响交易费用的关键因素。作者基于中国区域面板数据的实证检验也验证了制度质量显著、正向影响中国的在全球价值链中的地位提升。李宏和陈圳（2018）使用跨国面板门限模型实证检验了（用经济自由度指数）制度环境完善性与全球价值链地位提升之间的显著正相关性，发现我国处于提高自身在全球价值链中地位的制度红利阶段，四类制度指标影响一国全球价值链地位提升呈现非线性的门槛效应。刘宏曼和郎郸妮（2019）使用系统广义矩估计方法及跨国面板数据研究了经济制度对一国农业全球价值链参与度的影响，发现了显著的正向关系。双边制度质量的改善具有贸易促进效应，跨国移民网络作为一种非正式制度对弱正式制度质量具有替代效应，有利于移民母国对移民东道国的进出口增加，且复杂产品贸易对跨国移民网络更为依赖（陶锋等，2019）。

2.4.3 直接投资

现有研究认为，两个方向的直接投资即外国直接投资（foreign direct investment，FDI）与对外直接投资（outward foreign direct investment，OFDI），均会对一国全球价值链地位产生影响。FDI 影响一国价值链地位提升的机制主要是直接的资本积累和技术溢出，以及通过产业集聚等间接作用于价值链地位的变化。杨仁发和李娜娜（2018）通过面板门限模型对 2000 ~ 2011 年 49 个经济体的数据进行了回归实证，发现产业聚集对一国价值链地位的提升存在 FDI 门限效应，即 FDI 低于门限值时，产业聚集不利于价值链地位的提升，但当 FDI 超过门限值时，产业聚集以及技术溢出效应明显促进价值链地位的提升。OFDI 对一国全球价值链地位的影响机制包括逆向技术溢出、市场扩大、分工效应等。德里菲尔德和洛夫（Driffield & Love，2003）指出跨国公司可以通过直接投资获得东道国的先进技术，并对英国制造业是否存在这种"逆向溢出"效应进行了经验检验，结果表明，"逆向溢出"效应限于研发密集的部门，且受产业空间集中度的影响。彭澎和李佳熠（2018）的分析表明，中国对"一带一路"国家 OFDI 可以促进产业合作，为高附加值产业提供空间，以促进中国 GVC 地位的提高。郑丽楠等（2020）使用 C－D 生产函数构造了理论模型，进而通过动态面板方法验证了中国 2000 ~ 2016 年对"一带一路"国家 OFDI 显著促进了中国 GVC 地位的提升。余海燕和沈桂龙（2020）发现，发达国家与发展中国家 OFDI 对本国 GVC 地位的提升作用存在差异，发达国家作用更为明显，就中国 2000 ~ 2014 年的数据而言，OFDI 对研发投入存在挤出效应。

2.4.4　其他因素

除要素禀赋、制度质量和直接投资三个方面的影响因素之外，国内外学者也从汇率、规模经济效应、自由贸易区网络、国际环境等方面展开分析，近年少数学者还开始从全球价值链重构的角度进行考察。

成等（Cheng et al.，2016）使用 OECD – WTO 的增加值贸易数据库，考察了 GVC 相关的进出口的汇率弹性，并与传统商品贸易的汇率弹性进行比较，发现实际贬值可以增加 GVC 相关出口的国内外增加值含量，GVC 出口中进口含量越大，汇率弹性越小。增加值贡献较小的国家的汇率变化对该国自身及其供应链伙伴国影响很小，而对最终产品增加值贡献较大的国家的汇率变化会对其供应链的小型伙伴国带来溢出效应，从而避免传统的以邻为壑。

在标准贸易理论框架下，规模经济是国际分工模式产生的重要影响因素之一。戴翔等（2017）较为深入地研究了规模经济与全球价值链升级的关系，通过理论模型推导和实证方法，分析了消费需求上升带动的本土市场规模扩大，进而吸引全球价值链更高端环节转移配置到国内，促进我国全球价值链分工地位的提升。

随着区域经济一体化趋势的加强，诞生了越来越多的区域经济贸易协定（FTA），通常贸易协定中除涉及关税和非关税壁垒的削减，还会涉及服务贸易、知识产权等领域的互惠合作。与数量相比，现有研究更注重 FTA 质量和深度（是否涉及环境保护、知识产权、争端解决机制的完善、反腐败、创新政策等）对全球价值链地位的影响。韩剑和王灿（2019）通过实证分析发现，对于发展中国家而言，FTA 深度更能有效提高其价值链上游度的水平，尤其是服务贸易和知识产权条款。童伟伟（2019）则具体验证了 FTA 深度对中国价值链地位提升的正向作用，尤其是服务贸易、竞争和投资条款。

在国际环境方面，近年影响较大的主要是中美贸易摩擦和新冠肺炎疫情。丁一兵和张弘媛（2019）认为中美贸易摩擦会抑制中国后向联系的全球生产链，促进中国制造业向上游转移从而提高在全球价值链中的地位。赵君丽和肖婕（2020）定性分析了新冠肺炎疫情对中国全球价值链地位的影响，认为疫情短期内会冲击中国的全球供应链，特别是劳动密集型生产环节，但影响我国长期全球价值链地位的关键因素是品牌、技术等方面，疫情本身不会影响中国在全球价值链中的现有地位。田文等（2015）认为全球价值链重构尚未在中国出现，但高技术行业和机电行业存在重构的趋势，这些行业的全球价值链重构会改变中国在全球价值链中的地位。

最后，分析一国在全球价值链中地位的定量方法主要有两类：一类是经典的回归分析；另一类是基于复杂网络的"模体"概念，利用指数随机图模型进行的实证分析（许和连等，2015）。

综上所述，现有文献为本研究奠定了良好的理论和方法基础，但仍需拓展和深化：第一，考察中国在全球价值链中地位的现有文献，无论是测度垂直分工参与度还是行业"上游度"，仍属线性分析框架，且大部分研究未考虑全球价值链自身的演变，少数关注全球价值链重构的文献仅借助"全球商品贸易集中度"的变化来说明中国在全球价值链重构中的地位，指标不够充分，而复杂网络中描述网络特征的指标较为丰富且能显示网络的动态演化，因而有必要从复杂网络的视角对我国在全球价值链中的地位进行全局评估。第二，现有基于复杂网络的全球价值链系统研究虽有提及中国，但并非以中国为本位，随着全球价值链的重构、我国参与全球垂直分工程度的加深、国家开放经济和区域发展战略的调整，有必要以中国为主要研究对象观察其在全球范围和主要合作区域价值链演变中的地位及影响因素。第三，2008 年全球金融危机后，包括美国在内的部分国家重启贸易保护政策。全球价值链中的主要国家选择贸易保护政策会对整个价值链合作产生怎样的影响，尚缺乏基于复杂系统的研究。因此，本书运用复杂网络构建、整体及拓扑特征测度方法评估中国在全球价值链和主要合作区域价值链中的地位及影响因素，并基于网络结构特征进行演化博弈仿真，从整体和系统的视角回答上述问题。

第3章 以国家（地区）为节点的价值链网络演变及中国地位分析

考虑到当今世界经济区域一体化趋势的渐强，从复杂网络视角评估中国的价值链地位，除了关注其在全球价值链网络中的位置外，也需要测度其在主要区域价值链网络中的地位。因此，本章在以国家（地区）为节点的价值链网络构建以及网络拓扑特征静态统计方法的基础上，依次展开对全球价值链、"一带一路"、东盟10+3以及中日韩等价值链网络演变的分析，并重点关注中国地位的变化。

3.1 以国家（地区）为节点的价值链网络构建及分析方法

3.1.1 网络构建方法

本章借鉴阿马多尔和卡布拉尔（2017）的做法，构建有向无权增加值贸易网络，网络的节点是国家（地区），边及其方向的确定如式（3-1）（临界值为1%①）：

---

① 原文献作者阿马多尔和卡布拉尔表示，测试过临界值为其他许多数值后发现，临界值的改变并未在质量上影响该类研究的结果；当然，临界值越大，增加值贸易网络中包含的重要边越多。

$$\vec{a}_{ij} = \begin{cases} 1 & 若 \dfrac{FVAX^{ij}}{X^j} > 0.01 \\ 0 & 否则 \end{cases} \qquad (3-1)$$

其中，$FVAX^{ij} = c^i L^{ij} e^j$ \qquad (3-2)

式（3-1）中，$i \neq j = 1, 2, \cdots N$，$FVAX^{ij}$ 表示国家（地区）j 总出口中由国家（地区）i 创造的增加值，X^j 表示国家（地区）j 的总出口，$N \times N$ 阶邻接矩阵 $AM = [a_{ij}]$ 表示国家（地区）间的增加值联系。基于增加值的使用国（地区）和供给国（地区）状况构建网络，使得即便在世界增加值贸易中占比较小但在全球价值链中的参与度较高的国家（地区）也能包含在这一网络中。

式（3-2）中，c^i 为 i 国（地区）的增加值系数向量，增加值系数指国家（地区）i 每单位总产出创造的增加值；N 表示国家（地区）数，M 表示行业数，c^i 即 $1 \times NM$ 阶向量；L^{ij} 为 j 国（地区）全球里昂惕夫逆矩阵的非对角线块；e^j 为 j 国（地区）总出口向量。

3.1.2 网络整体拓扑特征指标

刻画复杂网络整体结构特性的重要统计指标包括平均度、平均测地线距离、双向比、度同配性、集聚系数等，下面首先对以上指标的含义及计算予以说明（郭世泽和陆哲明，2012）。

1. 平均度

在网络中，节点 v_i 的邻边数目 k_i 称为该节点的度（degree），度越大的节点越重要。网络的平均度（average degree）$\langle k \rangle$ 即对网络中所有节点的度求平均，平均度的变化可以反映网络的平均连通情况：

$$\langle k \rangle = \frac{1}{N} \sum_{i=1}^{N} k_i \qquad (3-3)$$

2. 平均测地线距离

网络中两节点 v_i 和 v_j 之间经历边数最少的一条路径称为测地线，测地线的边数 d_{ij} 称为两节点之间的距离（测地线距离），也就是节点 v_i 到节点 v_j 所要经历的边的最小数目。平均测地线距离（average geodesic distance）L 即所有节点的平均值。用于测度一个网络中节点之间距离多近，可以被视为经济一体化的测度工具。

$$L = \frac{1}{K} \sum_{i \neq j} d_{ij} \qquad (3-4)$$

其中 K 是有通路的节点对的总数。

3. 双向关系指数

就有向网络而言，互惠关系的程度是较为重要的一个问题。互惠关系描绘有向网络所有边中所存在的两两节点间双向边的情况，该指标数值的变化可以刻画网络的密度，也可以说明全球价值链的深化与否〔是否有更多的国家（地区）既是增加值的供给国（地区）也是需求国（地区）〕。

（1）双向比。

双向关系（reciprocity correlation）最初用双向比来衡量，双向比是有向网络中两两节点间双向边的总数占网络所有边的比例，假设有向网络中含有 E_B 条双向边，网络所有边数为 E，则双向比为：

$$R_B = E_B/E \qquad (3-5)$$

（2）互惠系数。

参考加拉斯切利和洛夫雷多（Garlaschelli & Loffredo，2004）对上述指标的改进，互惠系数 ρ 为：

$$\rho \equiv \frac{\sum_{i \neq j} (a_{ij} - \bar{a})(a_{ji} - \bar{a})}{\sum_{i \neq j} (a_{ij} - \bar{a})^2} \qquad (3-6)$$

其中

$$\bar{a} \equiv \frac{\sum_{i \neq j} a_{ij}}{N/(N-1)} \qquad (3-7)$$

N 为节点总数，$\bar{a}$ 表示观测到的有向边数与所有可能存在的有向边数之比值。改进后的互惠系数引入了随机情况作为参照，$\rho > 0$ 表示该网络的双向关系比随机情况时的双向关系数量更多，$\rho < 0$ 则反之。

4. 度同配性

度不同的节点间的连通模式会影响网络动态变化中节点间的相互作用，度同配性（degree assortativity）是指度大的节点倾向于和度大的节点连接，而如果度大的节点倾向于和度小的节点连接，则网络具有度异配性。学术研究中，学者们通常将出—入度同配系数作为有向网络同配系数（张伟，2015），计算公式参考纽曼（Newman，2003）的定义，包含 N 个节点、E 条边的有向网络同配系数 r_d 为：

$$r_d = \frac{\sum\limits_{i=1}^{N} d_i^{out} d_i^{in} - E^{-1} \sum\limits_{i=1}^{N} d_i^{out} \sum\limits_{i=1}^{N} d_i^{in}}{\sqrt{\left[\sum\limits_{i=1}^{N} (d_i^{out})^2 - E^{-1}(\sum\limits_{i=1}^{N} d_i^{out})^2\right]\left[\sum\limits_{i=1}^{N} (d_i^{in})^2 - E^{-1}(\sum\limits_{i=1}^{N} d_i^{in})^2\right]}}$$

$$(3-8)$$

5. 集聚系数

（1）全局集聚系数。

集聚性是多数真实网络具有的一个共同结构特征，整个网络的集聚性可通过全局集聚系数度量。全局集聚系数是基于节点三元组的。一个三元组是其中有两条（开三元组）或三条（闭三元组）无向边连接的三个节点。卢斯和佩瑞（Luce & Perry，1949）首次尝试给出度量方法，且该方法既适用无向网络也适用有向网络，全局聚集系数定义为封闭三元组数量与所有三元组数量的比值。

$$GCC = CT/AT \qquad (3-9)$$

其中，CT 为封闭三元组数量，AT 为所有三元组的数量。

（2）平均集聚系数。

平均集聚系数是指网络中与同一个节点连接的两节点之间也相互连接的平均概率。假设有向网络节点 v_i 与 k_i 个节点直接连接，这 k_i 个节点间可能存在的最大连接为 $k_i(k_i-1)$，此时 v_i 的集聚系数 $C_i = E_i/[k_i(k_i-1)]$（E_i 为实际存在的边数），然后将该集聚系数对整个网络作平均，得到网络的平均集聚系数为：

$$C = \frac{1}{N} \sum_{i=1}^{N} C_i \qquad (3-10)$$

3.1.3 网络节点拓扑特征指标

中心性反映网络中各节点的相对重要性，表征指标通常有度中心性、接近度中心性、介数中心线和特征向量中心性，本部分采用前两者

并结合节点度值进行分析[①]:

1. 度数值

在网络中，节点 v_i 的邻边数目 k_i 称为该节点的度（degree），节点 v_i 的度值代表与其直接相连接的节点数目，度越大的节点越重要。对于一个有向网络，节点 v_i 的度数值还可以按方向分为出度值和入度值，两者之和为某节点的度数值。直观上，一个节点的度越大，表示与其相联系的其他节点越多，从而在某种意义上越重要。K_i^{out} 和 K_i^{in} 分别为节点 v_i 的出度和入度，N 为网络的节点总数，K_i 为节点 v_i 的度，则：

$$K_i^{out} = \sum_{j=1}^{N} \vec{a}_{ij} \qquad (3-11)$$

$$K_i^{in} = \sum_{j=1}^{N} \vec{a}_{ji} \qquad (3-12)$$

$$K_i = K_i^{out} + K_i^{in} \qquad (3-13)$$

2. 度中心性

中心性反映网络中各节点的相对重要性，度中心性是一个最基本和常用的统计指标。对于全球增加值贸易有向网络，度中心性包括出度和入度中心性，分别代表某节点国家（地区）对其他国家（地区）总出口所需增加值的供给程度和总出口中对网络里其他国家（地区）增加值的使用程度。对于包含 N 个节点的有向网络，某节点最大的出度或入度为（N-1），节点 v_i 的出度和入度中心性分别以 $C_{D\_out}(v_i)$ 和 $C_{D\_in}(v_i)$ 表示，K_i^{out} 和 K_i^{in} 为节点 v_i 的出度和入度，则：

$$C_{D\_out}(v_i) = K_i^{out}/(N-1) \qquad (3-14)$$

---

① 对于本书研究的增加值贸易有向网络，介数中心性的使用意义并不大，原因在于：第一，以网络中任意三个节点A、B、C为例，如C指向B、B指向A，可以明确的信息是B国（地区）的总出口中使用的C的增加值超过阈值，A国（地区）的总出口中使用的B的增加值超过阈值，但A国（地区）总出口中使用的C国（地区）增加值信息并不清楚；第二，由于是有向网络，有些入度为零或出度为零的国家（地区）介数中心性也会等于零，但并不必然意味着这样的国家（地区）在网络中不重要，有可能这类国家（地区）是增加值的完全供给国（地区）或使用国（地区）。而对于特征向量中心性指标的数值，本书研究过程中测度过，发现在某些年份为负，但特征向量中心性要求其值为正，因而特征向量中心性不是衡量"一带一路"增加值贸易网络节点重要程度的有效指标。

$$C_{D\_in}(v_i) = K_i^{in}/(N-1) \qquad (3-15)$$

3. 接近度中心性

有向网络的接近度中心性包括出接近度和入接近度中心性，分别以该节点到达其他节点或其他节点到达该节点的最短路径之和的倒数乘以其他节点个数来计算。节点 v_i 的出接近度中心性和入接近度中心性分别以 $C_{C_{out}}$ 和 $C_{C_{in}}$ 表示，其中 d_{ij} 为最短路径的边数即网络中两节点 v_i 和 v_j 之间经历边数最少的一条路径的边数，则：

$$C_{Cout}(v_i) = (N-1)/[\sum_{j=1,j\neq i}^{N} d_{ij}] \qquad (3-16)$$

$$C_{Cin}(v_i) = (N-1)/[\sum_{j=1,j\neq i}^{N} d_{ji}] \qquad (3-17)$$

3.2　全球价值链网络演变及中国地位评估

3.2.1　全球价值链网络中包含的国家（地区）

本部分的主要数据来源于 2016 年 11 月最新发布的 WIOD[①]，式（3-2）中增加值系数通过 WIOD 里社会经济账户（socio-economic accounts，SEA）中的增加值（value added，VA）及总产出（gross output，GO）数据计算而得；一国（地区）各行业的总出口数据来自 WIOD 的各国（地区）供给投入和使用表（Input for National Supply and Use Tables）。该数据库中的 43 个国家（地区）[②] 即为本研究中全球价值链网络的节点国家（地区），如表 3-1 所示。

---

① 截至目前，WIOD 数据库的最新发布年份为 2016 年，其中包含的所有数据到 2014 年。
② WIOD 中的 43 国（地区）创造的 GDP 占同期世界 GDP 总值的 80% 以上，因此该数据库对于观察全球增加值贸易关系具有较强的代表性。

表 3 - 1　　　　　　2000～2014 年 WIOD 中的 43 个国家（地区）

序号	国家（地区）缩写	国家（地区）名称	序号	国家（地区）缩写	国家（地区）名称	序号	国家（地区）缩写	国家（地区）名称
1	AUS	澳大利亚	16	FRA	法国	31	MLT	马耳他
2	AUT	奥地利	17	GBR	英国	32	NLD	荷兰
3	BEL	比利时	18	GRC	希腊	33	NOR	挪威
4	BGR	保加利亚	19	HRV	克罗地亚	34	POL	波兰
5	BRA	巴西	20	HUN	匈牙利	35	PRT	葡萄牙
6	CAN	加拿大	21	IDN	印度尼西亚	36	ROU	罗马尼亚
7	CHE	瑞士	22	IND	印度	37	RUS	俄罗斯
8	CHN	中国	23	IRL	爱尔兰	38	SVK	斯洛伐克
9	CYP	塞浦路斯	24	ITA	意大利	39	SVN	斯洛文尼亚
10	CZE	捷克	25	JPN	日本	40	SWE	瑞典
11	DEU	德国	26	KOR	韩国	41	TUR	土耳其
12	DNK	丹麦	27	LTU	立陶宛	42	TWN	中国台湾
13	ESP	西班牙	28	LUX	卢森堡	43	USA	美国
14	EST	爱沙尼亚	29	LVA	拉脱维亚			
15	FIN	芬兰	30	MEX	墨西哥			

资料来源：WIOD。

3.2.2　全球价值链网络整体拓扑特征演变

1. 全球价值链网络整体拓扑特征值

基于 WIOD 的数据，根据式（3 - 3）～式（3 - 9），笔者分别测算了所有商品和服务全球价值链网络（见表 3 - 2）、所有商品全球价值链网络（见表 3 - 3）以及所有服务全球价值链网络（见表 3 - 4）的整体拓扑特征指标值。

表 3 - 2　2000 ~ 2014 年商品和服务全球价值链网络整体的拓扑特征指标值

年份	平均度	平均测地线距离	双向关系指数		度同配性	全局集聚系数
			双向比	互惠系数		
2000	10.65	1.85	0.33	0.045	-0.365	0.0054
2001	10.56	2.59	0.30	0.028	-0.359	0.0061
2002	10.42	2.51	0.30	0.032	-0.355	0.0061
2003	10.51	2.78	0.32	0.039	-0.349	0.0070
2004	10.84	2.66	0.34	0.049	-0.349	0.0066
2005	11.63	2.64	0.34	0.034	-0.305	0.0059
2006	11.67	2.48	0.33	0.033	-0.341	0.0069
2007	11.91	2.30	0.33	0.026	-0.339	0.0061
2008	12.56	2.30	0.30	-0.002	-0.344	0.0066
2009	11.91	3.24	0.31	0.017	-0.327	0.0068
2010	12.60	2.31	0.31	0.006	-0.353	0.0075
2011	12.98	2.13	0.30	-0.005	-0.362	0.0070
2012	13.30	2.10	0.31	-0.005	-0.369	0.0064
2013	13.02	2.47	0.37	0.036	-0.363	0.0087
2014	13.16	2.19	0.34	0.015	-0.376	0.0079

资料来源：作者计算整理。

表 3 - 3　2000 ~ 2014 年商品全球价值链网络整体的拓扑特征指标值

年份	平均度	平均测地线距离	双向关系指数		度同配性	全局集聚系数
			双向比	互惠系数		
2000	11.40	2.32	0.34	0.041	-0.357	0.1901
2001	11.58	2.38	0.31	0.017	-0.352	0.1892
2002	11.81	2.19	0.35	0.038	-0.352	0.1862
2003	11.72	2.44	0.35	0.041	-0.358	0.1880
2004	12.56	2.29	0.36	0.033	-0.359	0.1957
2005	13.02	2.53	0.40	0.053	-0.349	0.1991
2006	13.40	2.46	0.39	0.042	-0.329	0.2181

29

续表

年份	平均度	平均测地线距离	双向关系指数		度同配性	全局集聚系数
			双向比	互惠系数		
2007	13. 67	2. 41	0. 39	0. 041	−0. 352	0. 2176
2008	14. 00	2. 34	0. 37	0. 023	−0. 366	0. 2290
2009	13. 12	2. 56	0. 37	0. 033	−0. 346	0. 2203
2010	14. 33	2. 47	0. 40	0. 037	−0. 351	0. 2378
2011	14. 56	2. 50	0. 40	0. 030	−0. 368	0. 2382
2012	14. 56	2. 43	0. 37	0. 015	−0. 348	0. 2415
2013	14. 47	2. 74	0. 35	0. 002	−0. 350	0. 2403
2014	14. 70	2. 69	0. 37	0. 010	−0. 385	0. 2415

资料来源：作者计算整理。

表 3 − 4   2000 ~ 2014 年服务全球价值链网络整体的拓扑特征指标值

年份	平均度	平均测地线距离	双向关系指数		度同配性	全局集聚系数
			双向比	互惠系数		
2000	6. 70	1. 71	0. 11	−0. 026	−0. 384	0. 1086
2001	6. 42	1. 45	0. 09	−0. 036	−0. 409	0. 1066
2002	6. 19	1. 36	0. 12	−0. 015	−0. 393	0. 1138
2003	6. 14	1. 23	0. 03	−0. 063	−0. 387	0. 1115
2004	6. 42	1. 30	0. 03	−0. 067	−0. 381	0. 1156
2005	6. 79	1. 36	0. 08	−0. 043	−0. 384	0. 1422
2006	6. 60	1. 39	0. 08	−0. 039	−0. 369	0. 1420
2007	6. 51	1. 41	0. 09	−0. 038	−0. 373	0. 1241
2008	7. 02	1. 40	0. 11	−0. 033	−0. 321	0. 1492
2009	6. 42	1. 38	0. 12	−0. 020	−0. 303	0. 1461
2010	6. 70	1. 35	0. 08	−0. 041	−0. 347	0. 1398
2011	7. 07	1. 44	0. 13	−0. 020	−0. 335	0. 1496
2012	7. 30	1. 52	0. 15	−0. 012	−0. 328	0. 1540
2013	6. 84	1. 74	0. 16	0. 000	−0. 327	0. 1350
2014	6. 74	1. 77	0. 19	0. 018	−0. 332	0. 1438

资料来源：作者计算整理。

从表 3-2、表 3-3、表 3-4 可以看出，平均度值方面，2000~2014 年，所有商品和服务、所有商品全球价值链网络总体的平均度明显呈上升趋势，所有服务全球价值链网络总体的平均度没有明显波动，比较平稳，表明所有商品和服务、所有商品全球价值链网络随时间推移越发紧密，而所有服务全球价值链网络中各国（地区）增加值贸易联系的平均紧密程度变化不大。

在平均测地线距离方面，所有商品和服务全球价值链网络在 2008 年全球金融危机之后的 2009 年数值明显上升，达到 3.24，所有商品全球价值链网络的该指标值在 2009 年略有上升，而所有服务全球价值链网络的该指标值在样本期内比较平稳，说明 2008 年经济危机之后各国（地区）区域经济一体化合作暂时受阻，且这种受阻主要来自商品贸易合作的短暂后退。

2000~2014 年，在全球价值链网络中，双向关系的程度随时间演变呈现较大波动。首先，从趋势线看，整体、商品和服务增加值网络的双向比都呈增长态势，增长幅度从大到小依次为服务、商品、整体，表明样本期内，网络中的节点国家（地区）之间双向增加值贸易关系逐渐增长，服务增加值网络中的双向关系增长幅度最大。其次，增加值网络整体双向比和互惠系数的数值虽在不同区间内，但呈现了相同的波动变化：2008 年金融危机，该指标值出现样本期的首次最低值，2013 年和 2014 年恢复至危机前几年的水平，全球性的金融危机确实使全球增加值贸易关系也处于较大变动中。最后，就互惠系数而言，服务增加值网络在样本期的大部分年份为负，2013 年、2014 年两年转为正，也反映了服务增加值网络向紧密和深化演变。

多数实证研究国际贸易网络的文献发现国际贸易网络具有异配性。阿马多尔（Amador，2015）发现增加值贸易网络也具有异配性的特征，即中心—外围关系。样本期内的 2000~2014 年，全球价值链网络总体、商品和服务的同配系数值均始终为负，说明该网络具有明确的异配性，网络中节点国家（地区）在总体、商品和服务方面均存在增加值贸易上的中心—外围关系。

样本期内的 2000~2014 年，全球增加值网络总体、商品和服务的全局集聚系数均呈稳定增长态势，即样本期内全球增加值网络的集团化程度在上升；其中商品增加值贸易网络的全局集聚系数大部分年份高于整体，且整个样本期明显高于服务增加值贸易网络，反映了商品增加值贸易网络的集团化程度更高。

2. 全球价值链网络图

笔者根据式（3－1）和式（3－2）分别计算网络中各国（地区）总出口中使用的国（境）外增加值、商品出口中使用的国（地区）外商品、服务增加值和服务出口中使用的国（境）外商品、服务增加值，并依据计算的结果构建起网络，再通过 Cytoscape 3.7.1 画出全球价值链网络图。限于篇幅，图 3－1 只给出 2000 年、2006 年、2010 年和 2014 年各国（地区）总出口中的国（境）外增加值网络图，而其他几个图则放在文后的附图 1~4 中。图中圆圈代表网络中的每个节点国家（地区），每个节点的圆越大，表示该节点的出度和入度之和越大。

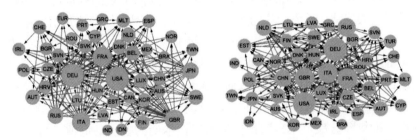

（a）2000年出口中的国（境）外增加值网络图（b）2006年出口中的国（境）外增加值网络图

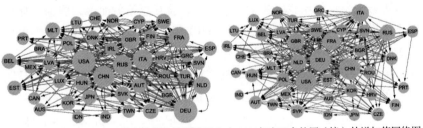

（c）2010年出口中的国（境）外增加值网络图（d）2014年出口中的国（境）外增加值网络图

图 3－1　2000~2014 年出口中的国（境）外增加值网络图

资料来源：作者绘制。

直观看，图 3－1 显示，从总出口使用的国（境）外增加值来看，美国、德国、法国、英国、意大利、日本等发达国家在考察的 4 个年份中占据网络的核心地位。与 2000 年相比，2010 年和 2014 年中国的度明显增大，说明中国在全球价值链中与越来越多的国家建立了增加值贸易关系，同时在全球价值链中的重要性也在提高；美国的度略有下降但仍是全球增加值贸易的主要核心国之一；德国、法国、英国、意大利、俄罗斯等国家变化不大，也一直是该网络的几个重要节点国。另外，从方向上看，以上重要节点国家箭头多指向其他国家（地区），表示它们主要扮演增加值供给国的角色。

　　另外，根据书后附录中附图1，美国、德国、英国、俄罗斯等国4年中主要为网络内其他国家（地区）的商品出口提供商品增加值；中国2000年和2006年商品出口中以使用网络内其他国家（地区）的商品增加值为主，但2010年和2014年成为网络内商品增加值的主要供给国。根据附图2，虽然美国和德国在4年中主要为网络内其他国家（地区）的商品出口提供服务增加值，但英国、意大利和法国为网络内其他国家（地区）的商品出口提供的服务增加值明显超过美国和德国，在4年中一直居于优势地位；中国2000年商品出口中只直接使用到了日本的服务增加值，2006年直接为韩国和中国台湾地区商品出口提供服务增加值，2010年和2014年为韩国、中国台湾地区、墨西哥、匈牙利等国家的商品出口直接提供服务增加值。根据附图3，美国、德国、俄罗斯在观察的4年里始终是网络内其他国家（地区）服务出口中商品增加值的主要供给国；中国在观察的4年中只有2014年直接为韩国和中国台湾地区的服务出口提供了商品增加值，其他年份均没有出现在网络图中，很可能是中国相关的增加值关系没有超过门槛值。根据附图4，美国和德国在观察的4年中始终是网络内其他国家（地区）服务出口中服务增加值的主要供给国；中国在观察的4年中只有2014年直接为芬兰和瑞典的服务出口提供了服务增加值，其他年份均没有出现在网络图中，很可能是中国这类相关的增加值关系没有超过门槛值。

3.2.3　全球价值链网络节点拓扑特征演变及中国地位分析

1. 全球价值链网络节点拓扑特征演变

　　笔者根据式（3-11）~式（3-17）计算出WIOD中43个国家（地区）的主要节点拓扑特征值，表3-5为2000年和2014年全球增加值贸易网络的度中心性、接近度中心性、节点度前 5 位的国家。2000
年，出度中心性值前 5 位的国家是美国、德国、英国、法国和意大利，
而 2014 年，前 5 位的国家为美国、中国、德国、俄罗斯和法国，可见，
在全球价值链网络整体演变的过程中，中国作为增加值供给国的地位明
显上升，成为仅次于美国，和德国、法国等发达国家比肩的增加值供给
者，此外，俄罗斯也与中国一起跻身前 5 位。而无论在 2000 年还是
2014 年，入度中心性值、入接近度中心性值和入度值较高的国家都以
欧洲的小型发达国家为主。

表 3 - 5 　　　2000 年和 2014 年全球价值链网络各节点拓扑
特征值前 5 位的国家

年份	排名	度中心性		接近度中心性		节点度值	
		入度中心性	出度中心性	入接近度中心性	出接近度中心性	入度	出度
2000	第 1 位	丹麦 (0.238)	美国 (0.929)	卢森堡 (6.500)	美国 (20.250)	丹麦 (10)	美国 (39)
	第 2 位	卢森堡 (0.238)	德国 (0.786)	马耳他 (6.000)	德国 (17.563)	卢森堡 (10)	德国 (33)
	第 3 位	马耳他 (0.238)	英国 (0.595)	斯洛伐克 (6.000)	英国 (15.875)	马耳他 (10)	英国 (25)
	第 4 位	芬兰 (0.214)	法国 (0.500)	丹麦 (5.875)	日本 (14.750)	芬兰 (9)	法国 (21)
	第 5 位	斯洛伐克 (0.214)	意大利 (0.500)	芬兰 (5.750)	法国 (14.375)	斯洛伐克 (9)	意大利 (21)
2014	第 1 位	马耳他 (0.310)	美国 (0.905)	马耳他 (9.750)	美国 (20.000)	马耳他 (13)	美国 (38)
	第 2 位	匈牙利 (0.286)	中国 (0.881)	匈牙利 (8.313)	中国 (19.750)	匈牙利 (12)	中国 (37)
	第 3 位	斯洛伐克 (0.286)	德国 (0.810)	爱沙尼亚 (8.125)	德国 (18.250)	斯洛伐克 (12)	德国 (34)

续表

年份	排名	度中心性		接近度中心性		节点度值	
		入度中心性	出度中心性	入接近度中心性	出接近度中心性	入度	出度
2014	第4位	捷克 (0.262)	俄罗斯 (0.571)	斯洛伐克 (8.094)	俄罗斯 (15.875)	捷克 (11)	俄罗斯 (24)
	第5位	爱沙尼亚 (0.262)	法国 (0.524)	捷克 (7.938)	法国 (14.625)	爱沙尼亚 (11)	法国 (22)

资料来源：作者计算整理。

2. 中国地位分析

　　表3-6及图3-2是2000~2014年中国作为全球价值链网络节点的各个拓扑特征值结果。一方面，中国的出度值、出度中心性值和出接近度中心性值在2000~2014年均呈明显的上升趋势，尤其是2002年以后，这可能与中国加入世界贸易组织之后与更多国家建立贸易联系有关。在图3-2中，出度中心性值曲线比较平稳，是因为纵轴的度量单位相较于出度中心性值较大，使得其波动在图中呈现不出来。具体而言，中国的出度值从2000年的3增加到2014年的37，意味着2000年中国为网络内其他国家（地区）的出口提供的增加值超过门限值的只有3个，但2014年中国为网络内其他国家（地区）的出口提供的增加值超过门限值的已有37个（网络内除中国之外共有42个国家和地区）。同时，出度中心性值由2000年的0.071增加到2014年的0.881，出接近度中心性值由2000年的1.750增加到2014年的19.750，反映出中国对网络内其他国家（地区）总出口所需增加值的供给程度较高。另一方面，中国的入度值、入度中心性值和入接近度中心性值在2000~2014年均变化不大。15年间，入度值在3、4和5三个数值中变动，入度中心性值有10年为0.095，最高时达到0.119，最低为0.071，而入接近度中心性值15年期间在3.508~4.750之间变动，表明中国总出口中使用网络内他国（地区）所提供增加值超过门限值的来源国（地区）数量较少，对网络里其他国家（地区）增加值的使用程度较低且变化不大。考虑到一国（地区）对他国（地区）的增加值供给能力相较需求能使该国（地区）在全球价值链中更具主动性，总起来看，样本期内中国在全球价值链网络内的地位是明显提升的。

表3-6　2000～2014年中国作为全球价值链网络中一个节点的拓扑特征值

年份	出度	入度	总度	出度中心性	入度中心性	出接近度中心性	入接近度中心性
2000	3	4	7	0.071	0.095	1.750	3.625
2001	5	4	9	0.119	0.095	2.500	3.508
2002	4	4	8	0.095	0.095	2.250	3.563
2003	7	4	11	0.167	0.095	6.281	3.563
2004	7	5	12	0.167	0.119	6.781	4.625
2005	10	4	14	0.238	0.095	7.656	3.625
2006	16	4	20	0.381	0.095	12.063	3.625
2007	18	5	23	0.429	0.119	14.625	4.750
2008	25	4	29	0.595	0.095	16.375	4.000
2009	22	4	26	0.524	0.095	15.625	4.063
2010	28	4	32	0.667	0.095	17.125	3.984
2011	32	3	35	0.762	0.071	18.125	3.844
2012	34	3	37	0.810	0.071	18.625	3.844
2013	36	3	39	0.857	0.071	19.250	3.859
2014	37	4	41	0.881	0.095	19.750	4.109

资料来源：作者计算整理。

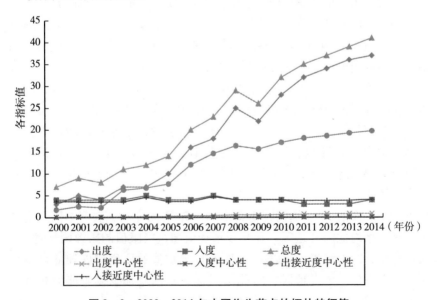

图3-2　2000～2014年中国作为节点的拓扑特征值

资料来源：作者绘制。

3.3 "一带一路"价值链网络
演变及中国地位评估

3.3.1 "一带一路"价值链网络中包含的国家

"一带一路"倡议是重要的国际合作平台和重要的国际公共产品，核心内涵是借助"丝绸之路"文化内涵打造的开放、包容的国际区域经济合作平台。"一带一路"并非地理概念，而是面向全球各国的"合作倡议"和"国际合作平台"，中国政府也从未圈定过参与范围。相关研究中，学者们多以《推动共建丝绸之路经济带和21世纪海上丝绸之路的愿景与行动》中五大重点方向列出的64个国家作为参考。随着"一带一路"倡议的推进和践行，越来越多的国家与中国签署"一带一路"合作协议，而根据"中国一带一路网"①的解释，与我国签署了合作协议或备忘录都可以视为参与共建"一带一路"②。官网"国际合作——各国概况"栏目列举的国家是按照《推动共建丝绸之路经济带和21世纪海上丝绸之路的愿景与行动》中五大重点方向，并从近年来与我国签署"一带一路"合作备忘录的国家中梳理出的，本书以"中国一带一路网"各国概况中的国家和亚洲开发银行（Asian Development Bank，ADB）（2018年）数据库③中的国家交集作为研究的对象国家。

因而，本研究"一带一路"价值链网络包含的40个国家及英文缩写为：奥地利（AUT）、保加利亚（BGR）、中国（CHN）、捷克（CZE）、爱沙尼亚（EST）、希腊（GRC）、克罗地亚（HRV）、匈牙利（HUN）、印度尼西亚（IDN）、印度（IND）、意大利（ITA）、韩国

---

① "中国一带一路网"是由国家信息中心主办、国家推进"一带一路"建设工作领导小组办公室指导的官方网站。

② 一般的签署流程是：从签订意向书开始，然后签订备忘录、框架条款再到签订正式的合同或协议。备忘录的应用范围会更广一些，例如，有时会把对一个合同或协议的某些修改叫做备忘录。

③ ADB（2018年）数据库的时间从2010～2017年，覆盖了"一带一路"倡议提出前后。

（KOR）、立陶宛（LTU）、卢森堡（LUX）、拉脱维亚（LVA）、马耳他（MLT）、波兰（POL）、葡萄牙（PRT）、罗马尼亚（ROM）、俄罗斯（RUS）、斯洛伐克（SVK）、斯洛文尼亚（SVN）、土耳其（TUR）、孟加拉国（BAN）、马来西亚（MAL）、菲律宾（PHI）、泰国（THA）、越南（VIE）、哈萨克斯坦（KAZ）、蒙古国（MON）、斯里兰卡（SRI）、巴基斯坦（PAK）、斐济（FIJ）、老挝（LAO）、文莱（BRN）、不丹（BTN）、吉尔吉斯斯坦（KGZ）、柬埔寨（CAM）、马尔代夫（MDV）、尼泊尔（NPL）。

3.3.2 "一带一路"价值链网络整体拓扑特征演变

1. "一带一路"价值链网络图

笔者根据式（3 - 1）和式（3 - 2）构建起2010 ~ 2017 年"一带一路"价值链网络后，仍然使用 Cytoscape 3.7.1 画出每年网络图。限于篇幅，此处只展示 2010 年和 2017 两年的网络（见图3 - 3），图中圆圈越大，代表节点国家入度和出度之和越大，即该节点国家的总出口中使用网络中较多个其他国家提供的增加值或（和）为网络中较多个其他国家的总出口生产提供增加值。因而一定程度上，圆圈越大的国家在网络中越重要。图3 - 3 中可见，中国、俄罗斯、意大利等国是"一带一路"价值链网络中较重要的国家；中国的出度较大（大部分箭头向外

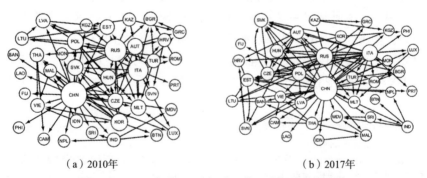

(a) 2010年　　　　　　　　　　(b) 2017年

图 3 - 3　2010 年和 2017 年"一带一路"价值链网络

资料来源：作者绘制。

指），事实上，中国只有2010年和2011两年的入度分别为1，其余年份的入度全部为0；而出度最小的年份2010年的出度值仍然达到27，2013年之后的几年全部在30以上，2017年中国的出度为33，即中国为网络中另外33个国家的总出口生产所提供的增加值比例超过阈值。

2. "一带一路"价值链网络整体拓扑特征

笔者根据式（3－3）、式（3－4）、式（3－5）、式（3－8）和式（3－10）计算出各指标值，结果如图3－4所示。2010～2017年，"一带一路"40国增加值贸易网络总体特征中，变化最大的是平均最短路径长度，基本呈逐年下降趋势，说明总体上40个国家之间的一体化程度逐渐增强，尤其在2013年"一带一路"倡议提出之后的几年，该指标值呈现了较为明显的降低，2013年为1.450，2014年降至1.194，2017年为1.091，从一个侧面反映了"一带一路"倡议对网络各节点国家贸易增加值合作关系的推动作用；网络总体的同配系数值始终为负且变化不大，说明该网络具有明确的异配性，网络中节点国家总体上存在增加值贸易上稳定的"中心—外围"关系，因而中心国家策略的影响值得关注；而网络的平均度没有明显变化，表明该网络总体上紧密度变化不大；双向比数值在样本期内波动不大，说明该网络中互为供求关系的国家比例较为稳定；平均集聚系数值变化不明显，网络的集聚程度较为稳定。

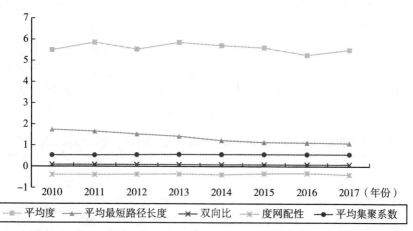

图3－4 2010～2017年"一带一路"价值链网络整体拓扑特征指标值

资料来源：作者绘制。

3.3.3 "一带一路"价值链网络节点拓扑特征演变及中国地位评估

1. "一带一路"价值链网络节点拓扑特征值

根据式（3-11）~式（3-17）计算各节点的四个中心性指标值和节点总度值（出度和入度之和），每年位于前 5 位的国家如表 3-7 所示。2010 ~2017 年间，"一带一路" 40 国增加值贸易网络中，马耳他、斯洛伐克、捷克 3 国的入度中心性一直位于前 5 位，匈牙利和爱沙尼亚分别有 7 年和 6 年位于前 5 位；而马耳他、斯洛伐克、捷克、匈牙利 4 国的入接近度中心性值 8 年间均位于前 5 位，爱沙尼亚则有 6 年位于前 5 位，说明这些国家总出口生产中需要使用网络里较多数量其他国家的增加值，而且它们与其他国家也较容易建立增加值进口关系。出度中心性则反映了一国的增加值是否被较多他国在总出口生产过程中较多使用，中国、俄罗斯、意大利、波兰 4 个国家 8 年始终位于出度中心性值的前 5 位，其中中国一直位居首位，而俄罗斯和意大利有 7 年分别居于第二、第三位（2016 年意大利位居第二而俄罗斯位居第三），奥地利有 6 年位居前 5，反映了这几个国家在"一带一路"价值链网络中是增加值的主要供给国。出接近度中心性方面，中国、俄罗斯、意大利样本期内一直位于前 5 位，同时中国和俄罗斯始终居于第一、第二位，波兰和奥地利分别有 6 年和 4 年位列前5 位，韩国、印度尼西亚和哈萨克斯坦分别有两年位于前 5 位，表明这些国家在增加值出口方面与网络内其他国家较容易建立联系。节点度值方面，中国、俄罗斯、意大利和波兰一直位居前 5 位，奥地利有 5 年位居前5 位。相较于入度和入接近度中心性，出度和出接近度中心性更高意味着一国在增加值贸易关系上更具主动性和控制力。

表 3-7 2010 ~2017 年"一带一路"价值链网络节点拓扑特征值前 5 位的国家

年份	排名	度中心性		接近度中心性		节点度值
		入度中心性	出度中心性	入接近度中心性	出接近度中心性	
2010	第 1 位	马耳他	中国	马耳他	中国	中国
	第 2 位	斯洛伐克	俄罗斯	斯洛伐克	俄罗斯	俄罗斯

年份	排名	度中心性		接近度中心性		节点度值
		入度中心性	出度中心性	入接近度中心性	出接近度中心性	
2010	第3位	匈牙利	意大利	匈牙利	韩国	意大利
	第4位	捷克	韩国	捷克	意大利	韩国
	第5位	爱沙尼亚	波兰	爱沙尼亚	印度尼西亚	波兰
2011	第1位	匈牙利	中国	匈牙利	中国	中国
	第2位	斯洛伐克	俄罗斯	斯洛伐克	俄罗斯	俄罗斯
	第3位	马耳他	意大利	马耳他	韩国	意大利
	第4位	捷克	韩国	捷克	意大利	韩国
	第5位	爱沙尼亚	波兰	爱沙尼亚	印度尼西亚	波兰
2012	第1位	马耳他	中国	马耳他	中国	中国
	第2位	斯洛伐克	俄罗斯	斯洛伐克	俄罗斯	俄罗斯
	第3位	匈牙利	意大利	匈牙利	意大利	意大利
	第4位	保加利亚	波兰	捷克	哈萨克斯坦	奥地利
	第5位	捷克	奥地利	斯洛文尼亚	波兰	波兰
2013	第1位	斯洛伐克	中国	马耳他	中国	中国
	第2位	马耳他	俄罗斯	斯洛伐克	俄罗斯	俄罗斯
	第3位	保加利亚	意大利	捷克	意大利	意大利
	第4位	捷克	波兰	匈牙利	哈萨克斯坦	奥地利
	第5位	爱沙尼亚	奥地利	克罗地亚	波兰	波兰
2014	第1位	斯洛伐克	中国	斯洛伐克	中国	中国
	第2位	匈牙利	俄罗斯	匈牙利	俄罗斯	俄罗斯
	第3位	马耳他	意大利	捷克	意大利	意大利
	第4位	捷克	波兰	马耳他	波兰	波兰
	第5位	爱沙尼亚	奥地利	爱沙尼亚	奥地利	斯洛伐克
2015	第1位	匈牙利	中国	匈牙利	中国	中国
	第2位	斯洛伐克	俄罗斯	斯洛伐克	俄罗斯	俄罗斯
	第3位	捷克	意大利	捷克	意大利	意大利
	第4位	马耳他	波兰	马耳他	波兰	奥地利
	第5位	保加利亚	奥地利	爱沙尼亚	奥地利	波兰

| 年份 | 排名 | 度中心性 | | 接近度中心性 | | 节点度值 |
		入度中心性	出度中心性	入接近度中心性	出接近度中心性	
2016	第1位	斯洛伐克	中国	斯洛伐克	中国	中国
	第2位	匈牙利	意大利	匈牙利	俄罗斯	意大利
	第3位	捷克	俄罗斯	捷克	意大利	俄罗斯
	第4位	爱沙尼亚	波兰	马耳他	波兰	奥地利
	第5位	马耳他	奥地利	爱沙尼亚	奥地利	波兰
2017	第1位	斯洛伐克	中国	斯洛伐克	中国	中国
	第2位	匈牙利	俄罗斯	匈牙利	俄罗斯	俄罗斯
	第3位	捷克	意大利	捷克	意大利	意大利
	第4位	爱沙尼亚	波兰	马耳他	波兰	波兰
	第5位	马耳他	奥地利	爱沙尼亚	奥地利	奥地利

资料来源：作者根据计算结果整理而得。

2. 中国作为"一带一路"价值链网络节点的拓扑特征值

在"一带一路"价值链网络中，作为节点，中国的出度、出度中心性和出接近度中心性值均较高且呈现上升趋势，而入度、入度中心性和入接近度中心性值均较低。样本期内，中国的出度值最高达34（2015年），最低为27（2010年）；出度中心性值最高为0.87（2015年），最低为0.69（2010年）；出接近度中心性值最高为17.25（2014年和2015年），最低为15.5（2010年）（见表3-8）。相反，入度、入度中心性和入接近度中心性值在2010年和2011年分别为1、0.03、1，其余年份全部为0。这表明，样本期内中国在"一带一路"价值链网络中一直是其他国家总出口所需增加值的主要供给国，但中国总出口中使用的"一带一路"沿线国家提供的增加值非常有限，大部分年份没有超过门槛值。

表3-8 2010~2017年中国作为"一带一路"价值链网络节点的拓扑特征值

年份	出度	入度	出度中心性	入度中心性	出接近度中心性	入接近度中心性
2010	27	1	0.69	0.03	15.5	1
2011	29	1	0.74	0.03	16	1

年份	出度	入度	出度中心性	入度中心性	出接近度中心性	入接近度中心性
2012	29	0	0.74	0.00	15.75	0
2013	33	0	0.85	0.00	17	0
2014	33	0	0.85	0.00	17.25	0
2015	34	0	0.87	0.00	17.25	0
2016	32	0	0.82	0.00	16.75	0
2017	33	0	0.85	0.00	17	0

资料来源：作者根据计算结果整理而得。

3.4　东盟 10 + 3 区域价值链演变及中国地位评估

在过去的几十年里，东亚和东南亚国家迅速发展成为全球生产网络中最重要的地区之一，它们之间的相互依赖性得到了加强。更具体地说，中国和一些东南亚国家从日本或韩国进口关键零部件，然后加工组装后出口到美国或欧洲国家（Tong & Zheng，2008；Athukorala，2011）。自 1979 年斯奈德和基克首次将复杂网络方法应用于国际贸易分析后，随着世界经济中增值贸易的大幅度增长，研究增值贸易网络的文献也在增加。这些研究通过构建基于不同世界投入产出数据库的有向或无向、加权或不加权的增值贸易网络，并计算其拓扑特征，揭示了世界各国之间的增值贸易关系，这显然有助于我们了解全球垂直专业化的真实情况（Cepeda – López，2019；Long et al.，2019）。然而，到目前为止，还没有关于东盟 10 + 3（Association of Southeast Asian Nations Plus Three，ASEAN +3）国家之间增值贸易网络关系的研究。因此，考虑到东盟 10 +3 国家作为一个整体在全球生产网络中的重要性以及中国和东盟国家之间经贸联系十分密切的现实，本部分基于东盟 10 +3 国家间贸易关系的复杂性特征，从复杂网络的角度分析东盟 10 +3 国家间的增值贸易关系，构建一个有向无权的东盟 10 +3 增值贸易网络（区域价值链网络），并计算该网络的拓扑特征。

3.4.1 东盟 10 +3 价值链网络中包含的国家

国家间的投入产出数据现在可以从 WIOD、OECD、ADB 和其他数据库获得。这些数据库在国家或地区的数量、工业部门的数量和时间跨度方面具有不同的特点。考虑到没有数据库涵盖东盟 10 +3 的 13 个国家，OECD 的国家间投入产出数据（2018 年）是最佳选择，因为它包含除柬埔寨、老挝和缅甸以外的 10 个国家。事实上，这三个国家在全球和区域生产网络中的参与程度相当低。在本部分的研究中，我们使用 OECD 的国家间投入产出数据（2018 年）的 10 个经济体作为东盟 10 +3 区域价值链网络的节点（见表 3 -9）。

表 3 -9　　　　　　　东盟 10 +3 价值链网络中包含的国家

国家缩写	BRN	CHN	IDN	JPN	KOR
国家名称	文莱	中国	印度尼西亚	日本	韩国
国家缩写	MYS	PHL	SGP	THA	VNM
国家名称	马来西亚	菲律宾	新加坡	泰国	越南

资料来源：作者整理而得。

3.4.2 东盟 10 +3 价值链网络整体拓扑特征演变

1. 东盟 10 +3 价值链网络图

在基于式（3 -1）和式（3 -2）的计算结果构建了 2005 ~ 2015 年的东盟 10 +3 增值贸易网络之后，我们使用 Cytoscape 3.7.1 工具绘制网络图。由于篇幅所限，此处仅显示 2005 年和 2015 年的网络图（见图 3 -5）。图 3 -5 中的圆圈表示东盟 10 +3 增值贸易网络（价值链网络）中的节点国家，每个节点的大小与其总度成正比。

一方面，从图 3 -5 我们可以发现，除了日本、中国、新加坡和韩国，马来西亚和泰国的度值也相对较高。与 2005 年相比，2015 年越南的度值要小得多。另一方面，从增加值关系的方向来看，日本已经成为区域网络的主要增值供应方。中国作为增值供应国的地位正在提高，

2015年指向外部的箭头比2005年更多。新加坡、泰国、马来西亚和越南在2005年和2015年都是网络增值的主要进口国。

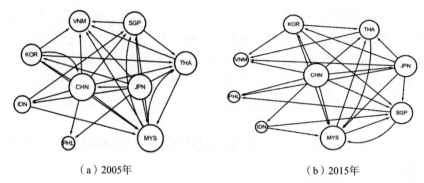

（a）2005年　　　　　　　　　　　（b）2015年

图3-5　2005年和2015年东盟10+3价值链网络

资料来源：作者绘制。

2. 东盟10+3价值链网络整体拓扑特征值

笔者仍然根据式（3-3）、式（3-4）、式（3-5）、式（3-8）和式（3-9）计算了2005～2015年东盟10+3价值链网络的五个总体拓扑特征，其结果如图3-6所示。

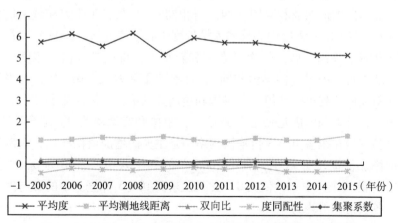

图3-6　2005～2015年东盟10+3价值链网络总体拓扑特征值

资料来源：作者计算绘制。

　　由图3-6，首先，在2005～2015年期间，东盟10+3价值链网络的总体拓扑特征中，波动幅度最大的是平均度指数，且呈下降趋势，表明东盟10+3增值贸易网络正在变得松散。其中一个原因是，中国、越南、印度尼西亚等一些国家参与了东盟10+3地区以外的增值合作。其次，平均测地线距离、双向比和集聚系数三个指标是稳定的。因此，10个国家之间的一体化程度、双向供求关系和集聚程度是稳定的。最后，度同配性值始终为负，反映了东盟10+3增值贸易网络的非协调性，即网络中国家之间存在核心—外围关系。

3.4.3　东盟10+3价值链网络节点拓扑特征演变及中国地位评估

1. 东盟10+3价值链网络节点拓扑特征值

　　由表3-10、附录中的附表10和附表11可知，在出度、出度中心性和出接近度中心性值方面，2005年，日本位于东盟10+3价值链网络的第一位，其次是中国、韩国，新加坡和马来西亚并列第四，印度尼西亚和泰国并列第五，文莱、菲律宾和越南都为0；2015年，中国跃居东盟10+3价值链网络的首位，其次是日本和韩国，再次是新加坡、马来西亚、印度尼西亚和泰国（四国值相同），文莱、菲律宾和越南仍然都为0。在入度、入度中心性和入接近度中心性值方面，2005年，马来西亚和越南最高，后面依次是泰国和新加坡，再次是韩国、印度尼西亚、菲律宾、中国（四国值相同），日本和文莱为0；2015年，马来西亚和新加坡分列第一和第二，泰国和越南并列第三，第四为菲律宾，韩国第五，日本和印度尼西亚并列第六，中国和文莱均为0。综合以上，中日韩三国在东盟10+3价值链网络中是主要的增加值供给国，对网络内的增加值需求非常少，日本2005年的几个入中心性值为0，中国2015年的几个入中心性值为0。文莱在东盟10+3价值链中的参与度很低，各项指标值均为0。

表 3 – 10　　2005 年和 2015 年东盟 10 + 3 价值链网络各节点拓扑特征值

年份	国家	度中心性		接近度中心性		节点度值	
		入度中心性	出度中心性	入接近度中心性	出接近度中心性	入度	出度
2005	日本	0.000	0.889	0.000	4.000	0	8
	韩国	0.222	0.444	1.000	2.750	2	4
	文莱	0.000	0.000	0.000	0.000	0	0
	印度尼西亚	0.222	0.222	1.250	1.500	2	2
	马来西亚	0.667	0.333	3.000	1.500	6	3
	菲律宾	0.222	0.000	1.250	0.000	2	0
	新加坡	0.444	0.333	2.500	1.500	4	3
	泰国	0.556	0.222	2.750	1.250	5	2
	越南	0.667	0.000	3.250	0.000	6	0
	中国	0.222	0.778	1.000	3.500	2	7
2015	日本	0.111	0.667	0.500	3.000	1	6
	韩国	0.222	0.444	1.000	2.250	2	4
	文莱	0.000	0.000	0.000	0.000	0	0
	印度尼西亚	0.111	0.222	0.500	1.625	1	2
	马来西亚	0.667	0.222	3.000	1.500	6	2
	菲律宾	0.333	0.000	2.375	0.000	3	0
	新加坡	0.556	0.222	2.750	1.375	5	2
	泰国	0.444	0.222	2.500	1.375	4	2
	越南	0.444	0.000	2.500	0.000	4	0
	中国	0.000	0.889	0.000	4.000	0	8

资料来源：作者计算而得。

2. 中国在东盟 10 + 3 价值链网络中的地位

2005 ~ 2015 年的整个样本期，一方面，中国在东盟 10 + 3 价值链网络中的出度、出度中心性和出接近度中心性值均为提高趋势，2013 ~ 2015 年 3 年连续达到样本期的最高值；另一方面，中国在东盟 10 + 3 价值链网络中的入度、入度中心性和入接近度中心性值均呈下降趋势，

2015 年均为 0（见图 3 - 7）。可见，中国在东盟 10 + 3 价值链网络中仍然是增加值的主要供给国，2013 ~ 2015 年连续 3 年为网络内其他 9 个国家中的 8 个国家总出口提供的增加值超过门槛值（见附表 1）。

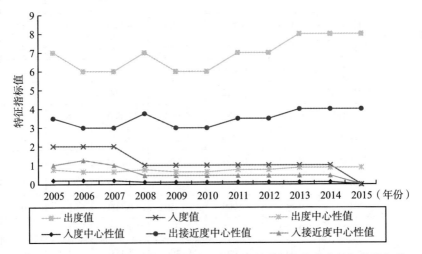

图 3 - 7　2005 ~ 2015 年中国作为东盟 10 + 3 价值链网络中节点的拓扑特征值

资料来源：作者计算绘制。

3.5　中日韩参与价值链合作比较

3.5.1　对中日韩参与价值链合作的研究

在日益激烈的全球竞争和生产要素可跨国流动的条件下，企业逐渐将价值链按功能拆分为不同环节，并将各环节配置于其功能得以最有效发挥的地方。在这一过程中，东亚区域成为世界范围内最重要的加工制造基地。东亚生产网络是 20 世纪 90 年代以来在东亚地区呈现、以生产工序分工为基础的产品内分工模式，最初只起源于东亚的个别国家，重心很快转移到东盟区域，而后转移到中国，由此形成了一个完整的区域生产网络（Ernst，1997）。东亚区域生产网络在当今全球价值链合作中扮演着重要角色，而中日韩三国作为东亚生产网络中的重要节点和支柱，参与价值链合作的地位及演变各不相同。

中日韩参与价值链合作的比较问题在现有文献中已经受到学者们的关注。李大伟（2015）从联合国 BEC 分类方法出发，将制造品分为资本品、中间产品和消费品 3 大类及 18 个小类，进而测算了中日韩三国在整体价值链中处于哪类商品的生产环节，结合专利、品牌等指标分析发现，中国在高附加值中间产品生产环节与日韩的差距在缩小，但在研发、营销环节差距仍较大。闫云凤（2015）基于 WIOD（2013 年）测算的 1995～2011 年中日韩三国总体进出口增加值在全球的占比显示，中国的增加值进出口地位逐渐上升，日本下降而韩国稳定。任永磊（2017）基于 WIOD（2013 年）测算了 1995～2011 年中日韩制造业增加值出口，发现与日韩相比，中国制造业最终产品出口的国内增加值比重最大但呈下降趋势，中间产品出口国内增加值比重最大的为日本，其次分别为韩国和中国。蔡伟宏和李惠娟（2017）利用 WIOD（2013 年）中相关数据测算了中日韩三国服务贸易在东亚生产网络中的全球价值链（GVC）参与度指数和 GVC 地位指数，发现中国服务贸易特别是高技术密集度的服务贸易融入东亚生产网络程度低于日韩。闫云凤（2018）运用 WIOD（2016 年）数据测算了中日韩三国服务业 2000～2014 年的 GVC 地位指数、GVC 参与度指数和增加值显示性比较优势（revealed comparative advantage，RCA）指数并进行比较，结果显示日本和中国服务业整体的 GVC 地位相对较高，具有增加值显性比较优势，但韩国服务业 GVC 参与度超过中日两国。目前，国内学者将复杂网络方法应用于东北亚贸易关系研究的文献仅限于总值贸易层面（梁经伟等，2019；赵昌平和徐晓江，2019）。

因而，在现有研究基础上，本部分基于 WIOD（2016 年）、OECD 的国家间投入产出数据（2018 年）[①] 等主要投入产出数据库的数据，借助复杂网络里的节点"中心性"测度方法，从国家层面比较中日韩三国在全球价值链合作中的地位。

49

———————

① 如前所述，WIOD（2016）中的 43 国（地区）创造的 GDP 占同期世界 GDP 总值的 80% 以上，因此该数据库对于观察全球增加值贸易关系具有较强的代表性。而 OECD‑ICIO（2018 年）则是包含东盟 10＋3 区域合作国家最多的数据库，13 国中除缅甸、柬埔寨、老挝三国以外的 10 国都包括，而缅甸、柬埔寨、老挝三国参与全球和区域价值合作程度都很低，因而 OECD‑ICIO（2018 年）数据库对于研究东盟 10＋3 区域增加值贸易关系具有较强的代表性。

3.5.2 中日韩参与价值链合作比较——国家为节点的网络中心性比较

由图 3 – 1 中 2000 年和 2014 年全球价值链网络图可以看出，与样本期的第一年相比，样本期最后一年中国的度值明显增大，日韩变化不明显。由图 3 – 5 中 2005 年和 2015 年东盟 10 + 3 价值链网络图可以看出，中日韩三国度值都有增加，中国变化最明显。

1. 中日韩在全球增加值网络中的中心性比较

（1）度值。

在全球价值链网络中，一国的出度值代表了网络中有多少国家的总出口生产使用该国提供的增加值超过了门槛值，而入度值则表示网络中有多少其他国家向该国总出口的生产提供的增加值超过门槛值。表 3 – 11 显示，中国的出度值在 2000 ~ 2014 年期间上升趋势明显，样本期内最小和最大值分别为 3 和 37，2006 年开始高于日本成为三国中出度值最高的国家，直至 2014 年样本期末一直显著高于日本和韩国；日本的出度值呈下降趋势，2005 年以前值在三国中一直最高，样本期内日本出度值最高是 2000 年时的 17 而最低值出现在 2014 年为 5；韩国的出度值在三国中最小且比较稳定，样本期内最小为 2、最大为 6。入度值方面，样本期内日本在三国中最低，在 1 ~ 4 之间变化；2008 年以前中国和韩国的入度值比较接近，2008 ~ 2014 年韩国一直略高于中国。总度值方面，2000 ~ 2004 年间从高至低基本上依次为日本、中国和韩国，2005 ~ 2014 年中国始终高于日本和韩国，而日韩两国则较为接近。综上，从度值的变化看，中国在网络中的重要性明显提高，特别是作为增加值供给国即中间产品供给国的地位显著提升；日本作为增加值供给国的地位趋于下降；三国中，韩国在全球价值链网络中相对以进口使用增加值为主。

表3-11 中日韩2000~2014年在全球价值链网络中的出度、入度和总度值

项目	国家	2000年	2001年	2002年	2003年	2004年	2005年	2006年	2007年	2008年	2009年	2010年	2011年	2012年	2013年	2014年
出度值	中	3	5	4	7	7	10	16	18	25	22	28	32	34	36	37
	日	17	11	8	8	11	10	9	8	8	8	9	9	8	6	5
	韩	3	3	3	2	3	4	4	5	4	5	5	5	5	5	6
入度值	中	4	4	4	4	5	4	4	5	4	4	4	3	3	3	4
	日	1	1	1	2	2	2	2	2	3	2	3	3	3	4	4
	韩	5	4	4	5	5	5	4	5	7	6	7	7	7	6	6
总度值	中	7	9	8	11	12	14	20	23	29	26	32	35	37	39	41
	日	18	12	9	10	13	12	11	10	11	10	12	12	11	10	9
	韩	8	7	7	7	8	9	8	10	11	11	12	12	12	11	12

资料来源：作者根据测算整理而得。

（2）度中心性。

本书构建的有向网络中某节点的出度和入度中心性分别代表该节点国家对网络其他国家总出口所用增加值的供给方面，以及该节点国家总出口价值中对网络其他国家增加值的使用方面的中心程度。

图 3-8 显示，出度中心性方面，中国和韩国在样本期呈上升趋势而日本呈下降趋势。2005 年以前，日本的出度中心性值在三国中最高，而 2006~2014 年，中国的出度中心性值在三国中始终最高，韩国在样本期内几乎一直最低。样本期内中日韩三国的出度中心性值最高分别为0.88、0.40 和 0.14，最低分别为 0.07、0.12 和 0.05。2006 年以来，在三国中，中国向最多数量的其他国家出口生产提供增加值，意味着中国向越来越多的国家提供中间品。从入度中心性来看，中国的入度中心性值趋于下降而日本和韩国趋于上升；样本期内韩国在三国中入度中心性值相对最高，其次为中国，日本最低。韩国的入度中心性值最高为 0.17，

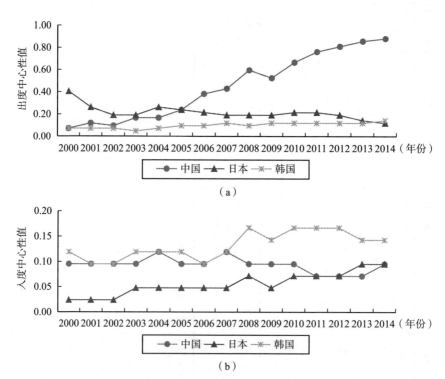

图 3-8　2000~2014 年中日韩在全球价值链网络中的出度和入度中心性值

资料来源：作者根据测算整理而得。

中国和日本的入度中心性值最高分别为 0.12 和 0.10；韩国的入度中心性值最低为 0.10，中国和日本分别为 0.07 和 0.02。可见，韩国总出口价值中包含的外国增加值的来源国数量在三国中是最多的。

（3）接近度中心性。

对于本书的价值链有向网络，接近度中心性数值越大表明节点 v_i 和其他节点互相越容易建立价值链关系，即节点 v_i 越居于网络中心。如图 3 - 9 所示，在出接近度中心性值上，韩国一直是三国中较低的，日本在 2006 年前始终高于中国，但 2006～2014 年间，中国显著高于日本；中国和韩国的出接近度中心性值呈上升趋势而日本呈缓慢下降之势。在入接近度中心性值上，韩国在三国中较高，特别是 2008 年之后始终显著高于中国和日本，整个样本期内日本的入接近度中心性值在三国中始终最低，中国居于日韩之间；日本和中国上升趋势明显，韩国较为稳定，总体微弱上升。

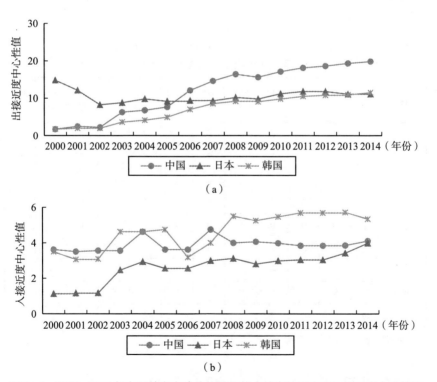

图 3 - 9　2000～2014 年中日韩在全球价值链网络中的出接近度和入接近度中心性值
资料来源：作者根据测算整理而得。

2. 中日韩在东盟10 + 3区域价值链网络的中心性比较

（1）度值。

由表3 – 12可以发现，在东盟10 + 3区域价值链网络中，中国和日本的出度值较高，两国最高时都达到8（共包含10国的该网络，每个节点的出度值最高为9），可见中国和日本是该区域网络增加值的主要供给国，其中中国呈缓慢上升之势，日本较为稳定；韩国低于中日两国，11年间非5即4。在入度方面，中日韩三国的入度值均不高，韩国在三国中相对较高，在每个节点入度值最高为9的情况下，三国中韩国入度值最高时为3，而中国最高为2，日本为1，日本有5年为0，中国有一年为0。从总度值来看，中日两国非常接近，都略高于韩国。在东盟10 + 3这一区域价值链网络中，中国和日本是中间产品的主要供应国，三国均不是中间产品的主要进口国，相对而言韩国在三国中进口中间产品较多。

表3 – 12 　　　　　中日韩2005 ~ 2015年在东盟10 + 3价值链
网络中的出度、入度和总度值

项目	国家	2005年	2006年	2007年	2008年	2009年	2010年	2011年	2012年	2013年	2014年	2015年
出度值	中	7	6	6	7	6	6	7	7	8	8	8
	日	8	7	7	8	7	7	7	7	7	7	6
	韩	4	5	5	4	4	5	4	4	4	4	4
入度值	中	2	2	2	1	1	1	1	1	1	1	0
	日	0	0	0	1	0	0	1	1	1	1	1
	韩	2	3	2	3	3	3	3	3	3	2	2
总度值	中	9	8	8	8	7	7	8	8	9	9	8
	日	8	7	7	9	7	7	8	8	8	8	7
	韩	6	8	7	7	7	8	7	7	7	6	6

资料来源：作者根据测算整理而得。

（2）度中心性。

图3 – 10显示，在东盟10 + 3区域价值链网络中，韩国的出度中心

性值在 2005～2015 年间一直低于中国和日本，2013 年以前，日本始终高于中国，2013～2015 年间中国高于日本，中日两国出度中心性值差距不大。在入度中心性值方面，三国相对从高至低依次为韩国、中国和日本，中国下降趋势明显。韩国的出度中心性值在 2005～2015 年间一直低于中国和日本，2013 年以前，日本始终高于中国，2013～2015 年间中国高于日本，中日两国出度中心性值差距不大。在入度中心性值方面，三国相对从高至低依次为韩国、中国和日本，中国下降趋势明显。

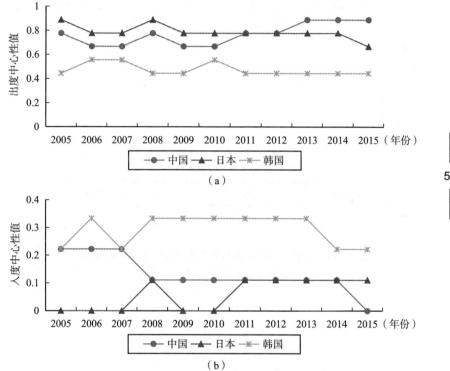

图 3 – 10　2005～2015 年中日韩在东盟 10 + 3 价值链
网络中的出度和入度中心性值

（3）接近度中心性。

图 3 – 11 显示，在东盟 10 + 3 区域价值链网络中，出接近度中心性方面，韩国在样本期内始终低于中日两国，2013～2015 年中国超过日本，其他年份均略低于日本。在入接近度中心性方面，三国相对从高至

低依次为韩国、中国和日本，中国下降趋势明显。

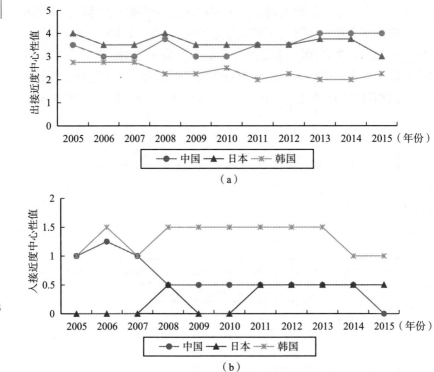

（a）

（b）

图 3 – 11　2005 ~ 2015 年中日韩在东盟 10 + 3 价值链网络中的
出接近度和入接近度中心性值

第4章　以产业为节点的价值链网络演变及中国地位分析

4.1　以产业为节点的全球价值链网络分析方法

4.1.1　以产业为节点的全球价值链网络构建

如果用 G 表示增加值贡献矩阵，代表 WIOD（2016）中 s 产业最终需求中 r 产业的增加值贡献份额，其元素 $0 \leqslant G_{rs} \leqslant 1$；用 $\hat{v}$ 表示一个对角矩阵，其对角元素为 WIOD（2016）中各产业的增加值系数；用 L 表示全球里昂惕夫逆矩阵，L 矩阵的元素表示 s 产业生产单位最终产品对 r 产业产品的完全需求量。那么，增加值贡献矩阵可由式（4-1）计算：

$$G = \hat{v}L \qquad (4-1)$$

4.1.2　产业全球价值树刻画

全球价值树是全球增加值贸易网络图的一种子图，按式（4-1）构建好产业为节点的价值链网络后，借鉴朱等（2015）的方法，使用广度优先搜索算法（breadth-first search，BFS），每次从一个不同的产业开始一个广度优先搜索，最终可建立起 WIOD 中所有产业的全球价值树。具体而言，这个过程考虑产业间增加值关系的方向及权重：首先，我们选择 WIOD 中的每个产业作为全球价值树的根并开始广度优先搜索，每一步会依据对现有节点的增加值贡献增加新的节点，每棵全球价值树展示的是枝产业对根产业的增加值贡献。其次，由于全球增加值网络几乎是完全连接的（即 WIOD 中所有产业几乎全部存在联系），为保留对根产业最重要的增加值贡献关系，使全球价值树之间拓扑特征的差异得以体现，我们搜索全球价值树时需要对增加值贡献份额设定一个门槛值（该值用 α 表示）。

4.1.3　以全球价值树为基础的产业"重要度"测算

以全球价值树为基础的产业"重要度"测算，可以作为全球增加值贸易网络"中心性"测度的补充，从中观层面衡量一个产业在全球增加值合作中的重要性。测算方法为：用 T(t) 表示一棵根为 t 产业的全球价值树，树 T(t) 中的节点总数用 N(t) 表示。w 是树 T(t) 中的一个枝产业，根植于 w 产业的次树中的节点总数用 $X_w(t)$ 表示。如果 w 产业在全世界 K 棵树里出现，k 棵树的根的集合用 Sw 表示，则产业 w 的重要度测算公式如下：

$$TI_w = \sum_{t \in S_w, t \neq w} \frac{X_w(t)}{N(t)} \frac{FD(t)}{WGDP} \qquad (4-2)$$

TI_w 是产业 w 以全球价值树为基础的重要度指数，FD(t) 是根产业 t 的最终需求（即根产业 t 的总产出减去它对其他产业的中间供给，可根据 WIOD 中的投入产出表计算），WGDP 是世界 GDP（将 WIOD 投入产出表中世界所有产业的最终需求加总）。需要指出的是，计算 TI_w 时，我们不考虑产业 w 在自己全球价值树（global value tree，GVT）中的作用（即 t≠w）。

该产业重要度指标的经济意义为：一方面，越重要的枝产业越紧密地联系到根产业，并能带动一棵较大的 GVT（这个意义由式中 $\frac{X_w(t)}{N(t)}$ 表达）；另一方面，越重要的枝产业与越重要的根产业联系（这个意义由 $\frac{FD(t)}{WGDP}$ 表达）。而且，只要 w 产业存在于每个根为 t 产业的 GVT 中，都会获得一个相应的重要性得分，即 $\frac{X_w(t)}{N(t)} \frac{FD(t)}{WGDP}$，将 w 产业存在的所有根为 t 的产业重要性得分加总，可以确定 w 产业的重要度指标值。

4.2　产业层面全球价值链网络分析

4.2.1　对网络中所有其他产业供给或需求前十位的行业

按式（4-1）计算出每年的2464×2464矩阵中对角线元素取零后（对角线元素代表一个产业生产单位最终产品对本产业自身产品的完全需求量），对应每一行的所有元素相加，表示该行产业作为中间投入对网络中其他所有产业的贡献总量；对应每一列的所有元素相加，表示该列产业作为最终产出对网络中其他所有产业的使用总量。表4-1是2000年（其他年份见本书附表3）该行产业作为中间投入和最终产出对网络中其他所有产业贡献总量前十位的行业及其对应国家，表4-2是2014年该列产业作为中间投入和最终产出对网络中其他所有产业使用总量前十位的行业及其对应国家。

表4-1　2000年作为中间投入和最终产出对网络中其他所有产业贡献总量前十位的行业及其对应国家

排序	作为中间投入		作为最终产出	
	产业	所属国家	产业	所属国家
第1位	批发贸易，但汽车和摩托车除外	俄罗斯	焦炭和精炼石油产品的制造业	丹麦
第2位	行政和辅助活动	美国	焦炭和精炼石油产品的制造业	拉脱维亚
第3位	采矿与采石业	挪威	采矿与采石业	马耳他
第4位	批发贸易，但汽车和摩托车除外	美国	广告业和市场调研	加拿大
第5位	法律和会计活动，总公司的活动，管理咨询活动	美国	金融服务活动，保险和养恤金除外	马耳他

续表

排序	作为中间投入		作为最终产出	
	产业	所属国家	产业	所属国家
第6位	化学品及化学制品的制造业	德国	焦炭和精炼石油产品的制造业	墨西哥
第7位	采矿与采石业	俄罗斯	水上运输	比利时
第8位	行政和辅助活动	法国	保险、再保险和养恤金,但强制性社会保障除外	意大利
第9位	计算机、电子产品和光学产品的制造业	美国	水上运输	法国
第10位	批发贸易,但汽车和摩托车除外	德国	焦炭和精炼石油产品的制造业	斯洛文尼亚

资料来源:作者根据测算整理。

表4-2 2014年作为中间投入和最终产出对网络中其他所有产业贡献总量前十位的行业及其对应国家

排序	作为中间投入		作为最终产出	
	产业	所属国家	产业	所属国家
第1位	采矿与采石业	俄罗斯	水上运输	卢森堡
第2位	采矿与采石业	挪威	焦炭和精炼石油产品的制造业	丹麦
第3位	行政和辅助活动	美国	采矿与采石业	马耳他
第4位	批发贸易,但汽车和摩托车除外	美国	家庭作为雇主的活动,家庭自用、未加区分的物品生产和服务活动	日本
第5位	批发贸易,但汽车和摩托车除外	俄罗斯	航空运输	墨西哥
第6位	采矿与采石业	中国	国际组织和机构的活动	墨西哥
第7位	行政和辅助活动	德国	广告业和市场调研	加拿大
第8位	法律和会计活动,总公司的活动,管理咨询活动	美国	金融服务活动,保险和养恤金除外	马耳他

排序	作为中间投入		作为最终产出	
	产业	所属国家	产业	所属国家
第9位	房地产活动	希腊	金融保险服务及其附属活动	塞浦路斯
第10位	批发贸易，但汽车和摩托车除外	中国	航空运输	塞浦路斯

资料来源：作者根据测算整理。

表4-1、表4-2和附表3的信息表明，在2000~2014年15年的样本期内，中国2008年、2011~2014年5年中采矿与采石业这一个行业位于前10位，批发贸易，但汽车和摩托车除外行业在2014年位于第10位。

2000~2014年15年间，一直位于前10位的国家有美国、德国、俄罗斯和挪威，其中美国、德国和俄罗斯大部分年份位于前10位的有两个或三个产业，挪威一直是一个产业。具体而言，美国2000年有行政和辅助活动；批发贸易，但汽车和摩托车除外；法律和会计活动，总公司的活动，管理咨询活动；计算机、电子产品和光学产品的制造业这四个行业位于前10位。其他大部分年份行政和辅助活动；批发贸易，但汽车和摩托车除外；法律和会计活动，总公司的活动，管理咨询活动三个行业位于前10位。少部分年份行政和辅助活动；批发贸易，但汽车和摩托车除外两个行业位于前10位。德国2000~2002年化学品及化学制品的制造业；批发贸易，但汽车和摩托车除外两个行业位于前10位。2003~2007年批发贸易，但汽车和摩托车除外；化学品及化学制品的制造业；行政和辅助活动三个行业位于前10位。2008~2013年批发贸易，但汽车和摩托车除外；行政和辅助活动两个行业位于前10位。2014年行政和辅助活动一个行业位于前10位。俄罗斯2000~2003年、2007年、2009~2014年批发贸易，但汽车和摩托车除外；采矿与采石业两个行业位于前10位。2004~2006年、2008年除上述两个行业之外，还有陆路运输与管道运输三个行业进入前10位。挪威则在整个样本期的15年内都是采矿与采石业一个行业始终位于前10位。俄罗斯有世界最大储量的矿产和能源资源，是最大的石油和天然气输出国。作为发达的工业化国家，20世纪70年代兴起的近海石油工业是挪威国民经济的重要支柱。挪威现为西欧最大产油国、世界第三大石油出口国，还是铝、硅、铁和镁的主要生产者。此外，法国 2000 ~ 2011 年间行政和辅助活动一直位于前 10 位。

样本期内，美国只有 2000 年一年里计算机、电子产品和光学产品的制造业位于第 9 位，其他年份里位于前 10 位的都是服务业。德国 2000 年化学品及化学制品的制造业位次高于批发贸易，但汽车和摩托车除外。2001 年开始化学品及化学制品的制造业位次低于批发贸易，但汽车和摩托车除外。2006 年开始化学品及化学制品的制造业位次低于批发贸易，但汽车和摩托车除外和行政和辅助活动两个行业。2008 年开始化学品及化学制品的制造业不再位于前 10 位，也显示出制造业在德国对外增加值供给中的地位相对下降，而服务业地位相对上升①。可见，一国对其他国家提供的增加值所属行业来看，各年份都以服务业为主。

4.2.2　中国增加值对网络中其他所有行业供求位于前十位的行业

除了将网络中所有行业进行对比之外，也对 43 个国家（地区）相同行业进行对比，针对 56 个行业的每一个行业增加值对网络中其他所有行业的供给以及 56 个行业的每一个行业对网络中其他所有行业增加值的需求，分别对 43 个国家（地区）相同行业进行排序，找出前 10 位的国家（地区），由于数据量较大、无法在文中一一列出，此处仅将 2000 年和 2014 年中国出现在前 10 位的行业及其位次列出（见表 4 – 3 ~ 表 4 – 6）。每个行业中国在 43 国（地区）中增加值供给位于前 10 位的行业数量以及每个行业中国在 43 国（地区）中增加值需求位于前 10 位的行业数量，列于附表 4 和附表 5 中。

---

① 如果按照我们国家《国民经济行业分类》（GB/T 4754 – 2017），服务业是指是指除第一、第二产业以外的其他行业。包括：A 农林牧渔专业及辅助性活动，B 开采专业及辅助性活动，C 金属制品、机械和设备修理业，F 批发和零售业，G 交通运输、仓储和邮政业，H 住宿和餐饮业，I 信息传输、软件和信息技术服务业，J 金融业，K 房地产业，L 租赁和商务服务业，M 科学研究和技术服务业，N 水利、环境和公共设施管理业，O 居民服务、修理和其他服务业，P 教育，Q 卫生和社会工作，R 文化、体育和娱乐业，S 公共管理、社会保障和社会组织，T 国际组织在内。

表 4 - 3　　2000 年中国增加值对网络中其他所有行业供给位于
前 10 的行业及位次

行业	位次	行业	位次
作物和畜牧生产、狩猎和相关活动	第 1 位	焦炭和精炼石油产品的制造业	第 6 位
渔业与水产业	第 1 位	基本医药产品和医药制剂的制造业	第 6 位
食品、饮料和烟草制品的制造业	第 1 位	电、煤气、蒸汽和空调的供应	第 6 位
水上运输	第 1 位	化学品及化学制品的制造业	第 7 位
纺织品、服装以及皮革和相关产品的制造业	第 3 位	橡胶和塑料制品的制造业	第 7 位
其他非金属矿物制品的制造业	第 3 位	电力设备的制造业	第 7 位
家具的制造和其他制造业	第 3 位	汽车、挂车和半挂车的制造	第 8 位
其他服务活动	第 3 位	草编制品及编织材料物品的制造业	第 9 位
林业与伐木业	第 4 位	计算机、电子产品和光学产品的制造业	第 9 位
基本金属的制造业	第 4 位	批发贸易，但汽车和摩托车除外	第 9 位
未另分类的机械和设备的制造业	第 4 位	保险、再保险和养恤金，但强制性社会保障除外	第 10 位
食宿服务活动	第 4 位		
采矿与采石业	第 5 位		
陆路运输与管道运输	第 5 位		
航空运输	第 5 位		

资料来源：作者根据测算整理。

表 4 - 4　　2000 年中国对网络中其他所有行业增加值需求
位于前 10 的行业及位次

行业	位次	行业	位次
金属制品的制造业，但机械设备除外	第 1 位	污水处理，废物的收集、处理和处置活动，材料回收，补救活动和其他废物管理服务	第 1 位
电力设备的制造业	第 1 位	建筑业	第 1 位
集水、水处理与水供应	第 1 位	零售贸易，但汽车和摩托车除外	第 1 位

63

续表

行业	位次	行业	位次
运输的储藏和辅助活动	第1位	法律和会计活动，总公司的活动，管理咨询活动	第2位
邮政和邮递活动	第1位	橡胶和塑料制品的制造业	第3位
计算机程序设计、咨询及相关活动，信息服务活动	第1位	房地产活动	第5位
公共管理与国防，强制性社会保障	第1位	记录媒介物的印制及复制	第6位
教育	第1位	科学研究与发展	第6位
人体健康和社会工作活动	第1位	基本金属的制造业	第7位
其他服务活动	第1位	批发贸易，但汽车和摩托车除外	第7位
其他非金属矿物制品的制造业	第2位	纸和纸制品的制造业	第8位
未另分类的机械和设备的制造业	第2位	化学品及化学制品的制造业	第8位
其他运输设备的制造业	第2位	基本医药产品和医药制剂的制造业	第9位
电、煤气、蒸汽和空调的供应	第2位	行政和辅助活动	第9位
食宿服务活动	第2位	电子产品和光学产品的制造业	第10位

资料来源：作者根据测算整理。

表 4 – 5　　　　2014 年中国增加值对网络中其他所有行业供给
位于前 10 的行业及位次

行业	位次	行业	位次
作物和畜牧生产、狩猎和相关活动	第1位	食宿服务活动	第1位
渔业与水产业	第1位	金融服务活动，保险和养恤金除外	第1位
水上运输	第1位	其他服务活动	第1位
纺织品、服装以及皮革和相关产品的制造业木材、木材制品及软木制品的制造（家具除外），草编制品及编织材料物品的制造业	第1位	橡胶和塑料制品的制造业	第2位
计算机、电子产品和光学产品的制造业	第1位	其他非金属矿物制品的制造业	第2位

行业	位次	行业	位次
电力设备的制造业	第 2 位	航空运输	第 3 位
未另分类的机械和设备的制造业	第 2 位	电信	第 3 位
汽车、挂车和半挂车的制造业	第 2 位	纸和纸制品的制造业	第 4 位
其他运输设备的制造业	第 2 位	记录媒介物的印制及复制	第 4 位
家具的制造和其他制造业	第 2 位	基本医药产品和医药制剂的制造业	第 4 位
电、煤气、蒸汽和空调的供应	第 2 位	金属制品的制造业，但机械设备除外	第 4 位
水上运输	第 2 位	陆路运输与管道运输	第 4 位
采矿与采石业	第 3 位	科学研究与发展	第 4 位
焦炭和精炼石油产品的制造业	第 3 位	林业与伐木业	第 5 位
化学品及化学制品的制造业	第 3 位	法律和会计活动，总公司的活动，管理咨询活动	第 6 位
基本金属的制造业	第 3 位	其他专业、科学和技术活动，兽医活动	第 6 位
批发贸易，但汽车和摩托车除外	第 3 位	保险、再保险和养恤金，但强制性社会保障除外	第 10 位

资料来源：作者根据测算整理。

表 4 - 6　　　　2014 年中国对网络中其他所有行业增加值
需求位于前 10 的行业及位次

行业	位次	行业	位次
记录媒介物的印制及复制	第 1 位	其他运输设备的制造业	第 1 位
其他非金属矿物制品的制造业	第 1 位	集水、水处理与水供应	第 1 位
金属制品的制造业，但机械设备除外	第 1 位	建筑业	第 1 位
电力设备的制造业	第 1 位	法律和会计活动，总公司的活动，管理咨询活动	第 1 位
未另分类的机械和设备的制造业	第 1 位	教育	第 1 位

行业	位次	行业	位次
人体健康和社会工作活动	第1位	电、煤气、蒸汽和空调的供应	第4位
基本医药产品和医药制剂的制造业	第2位	科学研究与发展	第4位
橡胶和塑料制品的制造业	第2位	纺织品、服装以及皮革和相关产品的制造业	第5位
食宿服务活动	第2位	纸和纸制品的制造业	第5位
公共管理与国防，强制性社会保障	第2位	运输的储藏和辅助活动	第5位
化学品及化学制品的制造业	第3位	污水处理，废物的收集、处理和处置活动，材料回收，补救活动和其他废物管理服务	第6位
计算机程序设计、咨询及相关活动，信息服务活动	第3位	食品、饮料和烟草制品的制造	第7位
行政和辅助活动	第3位	保险、再保险和养恤金，但强制性社会保障除外	第9位
其他服务活动	第3位	计算机、电子产品和光学产品的制造	第10位
林业与伐木业	第4位		

资料来源：作者根据测算整理。

第一，从总的数量来看，2000～2014年，将43国（地区）同一行业进行比较时，从一个行业对其他国家（地区）所有行业的增加值供给，以及一个行业对其他国家（地区）所有行业的增加值需求来看，中国在43国（地区）中均有较多行业位于前10位。其中，在增加值供给方面，56个行业中，中国在样本期内最少有26个行业、最多有35个行业位于前10位，除2000年之外其他14年中位于前10位的行业数量均大于或等于28个（56个行业的一半数量）；在增加值需求方面，56个行业中，中国在样本期内最少有24个行业、最多有30个行业位于前10位，15年中有8年位于前10位的行业数量大于或等于28个。此外，总体比较，中国在增加值供给方面比增加值需求位于前10位的行业数量更多，年份数量也更多。

第二，从变化趋势来看，2000～2014 年，在增加值供给方面中国位于前 10 位的行业总数量呈明显的增长态势，而增加值需求方面中国位于前 10 位的行业总数量没有明显的增长或下降趋势，呈现较为平稳的小幅波动。在增加值供给方面，15 年中最多时，中国在 2013 年有 10 个行业位于第一位，2014 年有 9 个行业位于第二位，2006 年有 8 个行业位于第三位；在增加值需求方面，15 年中最多时，中国在 2000 年有 13 个行业位于第一位，2002～2005 连续 4 年有 8 个行业位于第二位，2007 年有 7 个行业位于第三位。

第三，从具体行业来看，对 WIOD（2016）中的 56 个细分行业①，样本期开始的 2000 年，在增加值供给方面，中国位于前 10 位的行业属于第一产业的有 4 个、第二产业的有 15 个、第三产业的有 7 个；在增加值需求方面，中国位于前 10 位的行业属于第一产业的有 0 个、第二产业的有 16 个、第三产业的有 14 个；可见，2000 年中国参与产业增加值网络中仍是以第二产业制造业为主，同时在第三产业服务业的增加值需求明显强于供给。样本期结束的 2014 年，在增加值供给方面，中国位于前 10 位的行业属于第一产业的有 4 个、第二产业的有 19 个、第三产业的有 12 个；在增加值需求方面，中国位于前 10 位的行业属于第一产业的有 1 个、第二产业的有 17 个、第三产业的有 11 个；可见，2014 年中国参与产业增加值网络中仍是以第二产业制造业为主，同时增加值需求位于前 10 位的第三产业服务业的数量少于了增加值供给位于前 10 位的第三产业服务业的数量。

4.2.3　中国增加值对 "一带一路" 网络中其他所有行业供求位于前五位的行业

本节将中国一带一路网中公布的已同中国签订共建 "一带一路" 合作文件的国家一览，与 WIOD（2016 年）中包含的国家进行对比，找到其交集，共 18 个 "一带一路" 沿线国家。下面分析中国在这 18 个国家中的排名。

---

① 根据《国民经济行业分类》，其中 c1～c4 为第一产业，包括农业、畜牧业、渔业及采掘业等，c5～c26 为第二产业；c27 为建筑业；c28～c54 为第三产业。WIOD（2016 年）中的行业编码与《国民经济行业分类》的行业编码及名称对照表见本书附表 2。

对应每一行的所有元素相加，表示该行产业作为中间投入对网络中其他所有产业的贡献总量；对应每一列的所有元素相加，表示该列产业作为最终产出对网络中其他所有产业的使用总量。表4-7和表4-8分别是2000年和2014年中国该行产业作为中间投入对网络中其他所有产业贡献总量位于前五位的行业，表4-9和表4-10分别是2000年和2014年是每一年中国该列产业作为最终产出对网络中其他所有产业使用总量位于前五位的行业。

如表4-7所示，从总的数量来看，2000年，将18国同一行业进行比较时，从一个行业对其他国家所有行业的增加值供给来看，中国在18国中均有较多行业位于前5位。2000年，中国有13个行业的增加值供给位于18国横向比较的第1位、9个行业位于第2位、6个行业位于第3位、2个行业位于第4位、2个行业位于第5位。

具体行业方面，2000年中国对其他国家所有行业的增加值供给前5位的行业仍以第二产业制造业为主，共19个，其次是第三产业服务业，共9个，第一产业共4个；位于第1位的13个产业中有8个是制造业，位于第2位的9个产业中有6个是制造业。

68

表4-7　　　　2000年中国增加值对网络中其他所有行业
供给位于前5的行业及位次

行业	位次	行业	位次
作物和畜牧生产、狩猎和相关活动	第1位	电力设备的制造业	第1位
林业与伐木业	第1位	未另分类的机械和设备的制造业	第1位
渔业与水产业	第1位	家具的制造和其他制造业	第1位
食品、饮料和烟草制品的制造业	第1位	水上运输	第1位
纺织品、服装以及皮革和相关产品的制造业	第1位	其他服务活动	第1位
纸和纸制品的制造业	第1位	木材、木材制品及软木制品的制造（家具除外），草编制品及编织材料物品的制造业	第2位
基本医药产品和医药制剂的制造业	第1位	化学品及化学制品的制造业	第2位
计算机、电子产品和光学产品的制造业	第1位	橡胶和塑料制品的制造业	第2位

行业	位次	行业	位次
其他非金属矿物制品的制造业	第2位	焦炭和精炼石油产品的制造业	第3位
基本金属的制造业	第2位	金属制品的制造业，但机械设备除外	第3位
汽车、挂车和半挂车的制造业	第2位	电、煤气、蒸汽和空调的供应	第3位
航空运输	第2位	陆路运输与管道运输	第3位
食宿服务活动	第2位	其他运输设备的制造业	第4位
保险、再保险和养恤金，但强制性社会保障除外	第2位	金融服务活动，保险和养恤金除外	第4位
采矿与采石业	第3位	批发贸易，但汽车和摩托车除外	第5位
记录媒介物的印制及复制	第3位	人体健康和社会工作活动	第5位

资料来源：作者根据测算整理。

如表4-8所示，从总的数量来看，2014年，将18国同一行业进行比较时，从一个行业对其他国家所有行业的增加值供给来看，中国在18国中均有较多行业位于前5位。2014年，中国有22个行业的增加值供给位于18国横向比较的第1位、5个行业位于第2位、5个行业位于第3位、3个行业位于第4位、0个行业位于第5位。

具体行业方面，2014年中国对其他国家所有行业的增加值供给前5位的行业仍以第二产业制造业为主，共19个，其次是第三产业服务业，共12个，第一产业共4个；位于第1位的22个产业中有14个是制造业。

表4-8　　　　　2014年中国增加值对网络中其他所有行业
供给位于前5的行业及位次

行业	位次	行业	位次
作物和畜牧生产、狩猎和相关活动	第1位	纺织品、服装以及皮革和相关产品的制造业	第1位
林业与伐木业	第1位	木材、木材制品及软木制品的制造（家具除外），草编制品及编织材料物品的制造业	第1位
渔业与水产业	第1位	纸和纸制品的制造业	第1位
食品、饮料和烟草制品的制造业	第1位	化学品及化学制品的制造业	第1位

行业	位次	行业	位次
基本医药产品和医药制剂的制造业	第1位	采矿与采石业	第2位
橡胶和塑料制品的制造业	第1位	基本金属的制造业	第2位
其他非金属矿物制品的制造业	第1位	金属制品的制造业，但机械设备除外	第2位
计算机、电子产品和光学产品的制造业	第1位	批发贸易，但汽车和摩托车除外	第2位
电力设备的制造业	第1位	科学研究与发展	第2位
未另分类的机械和设备的制造业	第1位	记录媒介物的印制及复制	第3位
汽车、挂车和半挂车的制造业	第1位	焦炭和精炼石油产品的制造业	第3位
其他运输设备的制造业	第1位	电、煤气、蒸汽和空调的供应	第3位
家具的制造和其他制造业	第1位	水上运输	第3位
航空运输	第1位	其他专业、科学和技术活动，兽医活动	第3位
食宿服务活动	第1位	陆路运输与管道运输	第4位
电信	第1位	水上运输	第4位
金融服务活动，保险和养恤金除外	第1位	法律和会计活动，总公司的活动，管理咨询活动	第4位
其他服务活动	第1位		

资料来源：作者根据测算整理。

如表4-9所示，从总的数量来看，2000年，将18国同一行业进行比较时，从一个行业对其他国家所有行业的增加值需求来看，中国在18国中均有较多行业位于前5位。2000年，中国有25个行业的增加值供给位于18国横向比较的第1位、6个行业位于第2位、1个行业位于第3位、4个行业位于第4位、3个行业位于第5位。

具体行业方面，2000年中国对其他国家所有行业的增加值供给前5位的行业仍以第二产业制造业为主，共21个，其次是第三产业服务业，共16个，第一产业只有1个；位于第1位的25个产业中有14个是制造业。

表 4-9   2000 年中国对网络中其他所有行业增加值需求
位于前 5 的行业及位次

行业	位次	行业	位次
纺织品、服装以及皮革和相关产品的制造业	第 1 位	科学研究与发展	第 1 位
纸和纸制品的制造业	第 1 位	公共管理与国防，强制性社会保障	第 1 位
记录媒介物的印制及复制	第 1 位	教育	第 1 位
化学品及化学制品的制造业	第 1 位	人体健康和社会工作活动	第 1 位
橡胶和塑料制品的制造业	第 1 位	其他服务活动	第 1 位
其他非金属矿物制品的制造业	第 1 位	基本医药产品和医药制剂的制造业	第 2 位
基本金属的制造业	第 1 位	电子产品和光学产品的制造业	第 2 位
金属制品的制造业，但机械设备除外	第 1 位	汽车、挂车和半挂车的制造业	第 2 位
电力设备的制造业	第 1 位	计算机程序设计、咨询及相关活动，信息服务活动	第 2 位
未另分类的机械和设备的制造业	第 1 位	房地产活动	第 2 位
其他运输设备的制造业	第 1 位	法律和会计活动，总公司的活动，管理咨询活动	第 2 位
电、煤气、蒸汽和空调的供应	第 1 位	草编制品及编织材料物品的制造业	第 3 位
集水、水处理与水供应	第 1 位	焦炭和精炼石油产品的制造业	第 4 位
污水处理，废物的收集、处理和处置活动，材料回收，补救活动和其他废物管理服务	第 1 位	家具的制造和其他制造业	第 4 位
建筑业	第 1 位	水上运输	第 4 位
批发贸易，但汽车和摩托车除外	第 1 位	行政和辅助活动	第 4 位
零售贸易，但汽车和摩托车除外	第 1 位	林业与伐木业	第 5 位
运输的储藏和辅助活动	第 1 位	食品、饮料和烟草制品的制造业	第 5 位
邮政和邮递活动	第 1 位	保险、再保险和养恤金，但强制性社会保障除外	第 5 位
食宿服务活动	第 1 位		

资料来源：作者根据测算整理。

如表 4 - 10 所示，从总的数量来看，2014 年，将 18 国同一行业进行比较时，从一个行业对其他国家所有行业的增加值需求来看，中国在 18 国中均有较多行业位于前 5 位。2014 年，中国有 30 个行业的增加值供给位于 18 国横向比较的第 1 位、6 个行业位于第 2 位、1 个行业位于第 3 位、3 个行业位于第 4 位、1 个行业位于第 5 位。

具体行业方面，2014 年中国对其他国家所有行业的增加值供给前 5 位的行业仍以第二产业制造业为主，共 22 个，其次是第三产业服务业，共 16 个，第一产业只有 2 个；位于第 1 位的 30 个产业中有 18 个是制造业。

表 4 - 10 　　　　2014 年中国对网络中其他所有行业增加值需求
位于前 5 的行业及位次

行业	位次	行业	位次
林业与伐木业	第 1 位	电子产品和光学产品的制造业	第 1 位
食品、饮料和烟草制品的制造业	第 1 位	电力设备的制造业	第 1 位
纺织品、服装以及皮革和相关产品的制造业	第 1 位	未另分类的机械和设备的制造业	第 1 位
纸和纸制品的制造业	第 1 位	汽车、挂车和半挂车的制造业	第 1 位
记录媒介物的印制及复制	第 1 位	其他运输设备的制造业	第 1 位
焦炭和精炼石油产品的制造业	第 1 位	集水、水处理与水供应	第 1 位
化学品及化学制品的制造业	第 1 位	污水处理，废物的收集、处理和处置活动，材料回收，补救活动和其他废物管理服务	第 1 位
基本医药产品和医药制剂的制造业	第 1 位	建筑业	第 1 位
橡胶和塑料制品的制造业	第 1 位	运输的储藏和辅助活动	第 1 位
其他非金属矿物制品的制造业	第 1 位	食宿服务活动	第 1 位
基本金属的制造业	第 1 位	计算机程序设计、咨询及相关活动，信息服务活动	第 1 位
金属制品的制造业，但机械设备除外	第 1 位	法律和会计活动，总公司的活动，管理咨询活动	第 1 位

续表

行业	位次	行业	位次
科学研究与发展	第1位	陆路运输与管道运输	第2位
行政和辅助活动	第1位	保险、再保险和养恤金，但强制性社会保障除外	第2位
公共管理与国防，强制性社会保障	第1位	邮政和邮递活动	第3位
教育	第1位	零售贸易，但汽车和摩托车除外	第4位
人体健康和社会工作活动	第1位	航空运输	第4位
其他服务活动	第1位	其他专业、科学和技术活动，兽医活动	第4位
渔业与水产业	第2位	采矿和采石业	第5位
木材、木材制品及软木制品的制造（家具除外），草编制品及编织材料物品的制造业	第2位		
家具的制造和其他制造业	第2位		
电、煤气、蒸汽和空调的供应	第2位		

资料来源：作者根据测算整理。

　　此外，每个行业中国在18国中增加值供给位于前5位的行业数量，以及每个行业中国在18国中增加值需求位于前5位的行业数量信息置于书后附表6和附表7中。2000~2014年，将18国同一行业进行比较时，从一个行业对其他国家所有行业的增加值供给来看，中国在18个国家中位于前5位的行业总数量在30~35个之间波动（行业总数56个）。其中位于第1位的行业数量明显较多，在12~22个之间波动，且呈增长趋势。可见，中国在18个国家中是增加值的主要供给国。2000~2014年，将18国同一行业进行比较时，从一个行业对其他国家所有行业的增加值需求来看，中国在18个国家中位于前5位的行业总数量在35~41个之间波动（行业总数56个）。其中位于第1位的行业数量明显较多，在 19～30 个之间波动。可见，中国在 18 个国家中更是增加值的主要需求国。

4.3 基于产业价值树方法的分析

4.3.1 产业"重要度"比较——以中日韩为例

根据式（4-2），以全球价值树为基础的产业"重要度"指标值越大，表明该产业越紧密地联系到其所存在的根产业中，且自身能带动一棵包含较多节点产业的价值树；或者（而且）该产业与越重要的根产业联系。由于 WIOD（2016 年）中包括每个国家（地区）的 56 个产业，各年份每个产业的"重要度"值无法全部展示在本书中，因此，本部分以 2014 年中日韩三国各自出口占比前五位的行业为对象进行分析比较，行业情况如表 4-11 所示。以 2014 年这 15 个行业为分析对象，根据式（4-2）计算出的中日韩 2014 年出口占比前五位行业的"重要度"指标值见表 4-12。

表 4-11 显示，2014 年，计算机、电子和光学产品制造行业在中日韩三国的总出口中占比分别为 22.73%、13.98% 和 23.81%。它是中韩两国出口第一大行业、日本出口的第二大行业。如表 4-12 所示，总体来看，样本期内大部分年份，中国的该行业在全球价值树中的"重要度"指标值在三国中最高，只有 2000 年、2001 年低于日韩，2007 年、2008 年低于日本。日韩相比，日本在大部分年份高于韩国。随着时间的推移，中日韩三国的计算机、电子和光学产品制造行业在样本期内"重要度"值均呈提高趋势，而中国的上升趋势最明显，其次是日本，最后是韩国。

表 4 – 11   2014 年中日韩总出口比重前五位行业及占比

中国			日本			韩国		
行业简称	行业全称	比重（%）	行业简称	行业全称	比重（%）	行业简称	行业全称	比重（%）
行业 1	计算机、电子和光学产品制造	22.73	行业 6	汽车、挂车和半挂车的制造	18.82	行业 11	计算机、电子和光学产品制造	23.81
行业 2	纺织品、服装和皮革制品制造	12.15	行业 7	计算机、电子和光学产品制造	13.98	行业 12	汽车、挂车和半挂车的制造	10.15
行业 3	电力设备制造	8.65	行业 8	批发贸易，但汽车和摩托车除外	9.70	行业 13	化学品及化学制品制造	8.97
行业 4	未另分类的机械和设备制造	7.97	行业 9	未另分类的机械和设备制造	8.33	行业 14	焦炭和精炼石油产品	7.65
行业 5	批发贸易，但汽车和摩托车除外	6.27	行业 10	化学品及化学制品制造	7.62	行业 15	其他运输设备	6.51

资料来源：作者根据 WIOD 的国家供给和使用表里的投入（input for national supply and use tables）国家出口数据计算而得。

2014 年，汽车、挂车和半挂车的制造行业是日本第一大出口行业（占总出口的 18.82%）、韩国第二大出口行业（占总出口的 10.15%），样本期内的大部分年份中，该行业的全球价值树"重要度"值方面，日本高于韩国，且 15 年中韩国有 10 年的"重要度"值为 0。就韩国而言，"重要度"值为 0 的 10 年主要由于以汽车、挂车和半挂车的制造行业为根产业的次树的节点数等于 0，即这 10 年间韩国或其他国家非汽车、挂车和半挂车的制造行业增加值的生产对韩国的汽车、挂车和半挂车的制造行业增加值的使用均没有超过门槛值，换言之，韩国汽车、挂

表 4 – 12　　2014 年中日韩总出口比重前五位行业的"重要度"指标值

年份	行业 1	行业 2	行业 3	行业 4	行业 5	行业 6	行业 7	行业 8	行业 9	行业 10	行业 11	行业 12	行业 13	行业 14	行业 15
2000	0.0001	0.0010	0.0001	0.0035	0.0025	0.0048	0.0036	0.0276	0.0023	0.0231	0.0003	0.0000	0.0002	0.0000	0.0029
2001	0.0002	0.0009	0.0000	0.0047	0.0017	0.0028	0.0027	0.0154	0.0012	0.0153	0.0003	0.0003	0.0035	0.0000	0.0016
2002	0.0193	0.0002	0.0006	0.0004	0.0148	0.0024	0.0104	0.0130	0.0012	0.0063	0.0072	0.0003	0.0068	0.0036	0.0022
2003	0.0191	0.0000	0.0001	0.0004	0.0181	0.0025	0.0076	0.0153	0.0012	0.0052	0.0052	0.0003	0.0074	0.0023	0.0013
2004	0.0189	0.0000	0.0000	0.0000	0.0180	0.0015	0.0065	0.0193	0.0013	0.0144	0.0110	0.0000	0.0067	0.0064	0.0051
2005	0.0208	0.0000	0.0001	0.0000	0.0019	0.0038	0.0063	0.0061	0.0013	0.0051	0.0082	0.0000	0.0064	0.0059	0.0040
2006	0.0233	0.0002	0.0000	0.0002	0.0202	0.0013	0.0112	0.0053	0.0012	0.0045	0.0045	0.0004	0.0029	0.0025	0.0000
2007	0.0001	0.0000	0.0000	0.0001	0.0115	0.0011	0.0006	0.0020	0.0004	0.0029	0.0001	0.0000	0.0004	0.0000	0.0000
2008	0.0002	0.0000	0.0000	0.0003	0.0131	0.0001	0.0008	0.0021	0.0000	0.0004	0.0001	0.0000	0.0003	0.0000	0.0000
2009	0.0286	0.0004	0.0176	0.0078	0.0014	0.0007	0.0105	0.0145	0.0006	0.0022	0.0046	0.0023	0.0003	0.0000	0.0000
2010	0.0313	0.0001	0.0006	0.0188	0.0017	0.0012	0.0116	0.0172	0.0012	0.0109	0.0001	0.0000	0.0003	0.0000	0.0000
2011	0.0387	0.0024	0.0020	0.0229	0.0013	0.0009	0.0133	0.0121	0.0009	0.0032	0.0091	0.0000	0.0026	0.0012	0.0000
2012	0.0409	0.0025	0.0021	0.0243	0.0016	0.0010	0.0163	0.0113	0.0010	0.0016	0.0009	0.0000	0.0003	0.0000	0.0000
2013	0.0492	0.0023	0.0013	0.0111	0.0012	0.0153	0.0266	0.0412	0.0007	0.0016	0.0115	0.0000	0.0029	0.0026	0.0000
2014	0.0473	0.0024	0.0017	0.0270	0.0015	0.0007	0.0356	0.0431	0.0007	0.0013	0.0155	0.0000	0.0014	0.0000	0.0000

资料来源：作者根据测算结果整理而得。

车和半挂车的制造行业作为其他行业的中间投入比例低于门槛值。随着时间的推移，日本的汽车、挂车和半挂车的制造行业在样本期内"重要度"值呈缓慢上升趋势，而韩国趋势非常平稳，没有显现明显的上升或下降。

2014 年中国的第二大出口行业为纺织品、服装和皮革制品制造业（占总出口的 12.15%），该行业在全球价值树中的"重要度"值自 2011 年起明显增大，说明该行业作为其他行业中间投入品的作用在增强。

2014 年，中国和日本的批发贸易（但汽车和摩托车除外）业在总出口中占比分别为 6.27% 和 9.7%。它是中国的第五大、日本的第三大出口行业。样本期内，中国该行业的"重要度"值呈明显下降趋势，而日本该行业的"重要度"值则明显呈上升趋势。除 2002 年、2003 年、2006 年、2007 年、2008 年几年之外的其余年份，日本该行业的"重要度"值都高于中国。作为生产性服务业的一部分，批发贸易服务业位于商品的起点或中间阶段，负责将商品从生产领域转入流通领域、从产地运到销地，是商品生产和零售之间的纽带。

未另分类的机械和设备制造业在 2014 年是中国和日本的第四大出口行业，在总出口中占比分别是 7.97% 和 8.33%。样本期内，中国该行业的"重要度"值上升趋势明显，尤其是 2008~2014 年呈蛙跳趋势；日本该行业的"重要度"值总体微弱下降，2002~2007 年略高于中国，而 2008~2014 年远低于中国。

化学品及化学制品制造业在 2014 年是日本的第五大出口行业和韩国的第三大出口行业，在两国总出口中分别占比 7.62% 和 8.97%。样本期内，日本该行业的"重要度"值在大部分年份高于韩国。总体上，两国该行业的"重要度"值都呈现下降趋势，日本下降的趋势较韩国更明显。

中国的第三大出口行业（电力设备制造业）的"重要度"值在样本期内有 5 年为 0，最高时为 2009 年的 0.0176，其余年份均未超过 0.01。韩国的第四大和第五大出口行业即焦炭和精炼石油产品业以及其他运输设备业，样本期内前者有 8 年"重要度"值为 0，后者有 9 年"重要度"值为 0。可见，中国的电力设备制造业、韩国的焦炭和精炼石油产品业以及其他运输设备业多年间作为其他行业增加值生产的中间投入比例较小，未超过门槛值。

4.3.2　2014 年中国计算机、电子和光学产品制造业的全球价值树

为更直观地展示出中国计算机、电子和光学产品制造业[①]在 2014 年的全球价值树，我们采用 4.1.2 节中描述的方法。为决定 α 的基准值，需要考虑 α 和可得 GVT 之间的两个实证关系。第一，随着 α 值增加，可以得到的不为空的 GVT 数量会减少，因为超过门槛值的增加值贡献会越来越难。第二，考察 α 值和可得 GVT 规模[②]变化的关系，树规模变化越大，各 GVT 之间的拓扑差异越可以更好地揭示，所以，当树规模变化程度最大时，对应的 α 值下可得 GVT 数量仍然足够大，则得到 α 的最优取值。以 2014 年数据为例，笔者将该年份全球价值树规模变化与 α 值的实证关系描绘到了图 4－1 中，图中横坐标是 α 的不同取值，纵坐标是全球价值树规模的变异系数（coefficient of variation）。从图 4－1 可以看出，全球价值树规模变化与 α 值之间的关系并非单调，而是存在一个明显的最优值，即 $\alpha = 0.015$ 时，对应了全球价值树规模变化的最大值。且当 $\alpha = 0.015$ 时，可以得到的 GVT 的数目仍然非常大，为 2238 棵（而 WIOD 中的产业总数是 2464 个）。因此，2014 年 α 取值确定为 0.015，其他年份 α 取值同理，见表 4－13。

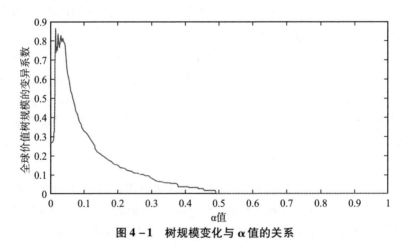

图 4－1　树规模变化与 α 值的关系

---

① 计算机、电子和光学产品制造业是 2014 年中国出口比重第一位的行业。

② GVT 规模由一个 GVT 中节点总数来测度。

表4-13 2000~2014年全球价值树刻画中的α取值

项目	2000年	2001年	2002年	2003年	2004年	2005年	2006年	2007年	2008年	2009年	2010年	2011年	2012年	2013年	2014年
α值	0.021	0.019	0.015	0.016	0.019	0.020	0.017	0.022	0.022	0.014	0.017	0.015	0.016	0.014	0.015

资料来源：作者计算而得。

笔者采用上述方法画出的2014年中国计算机、电子和光学产品制造业的全球价值树（见图4-2）。图4-2中产业编码对应的产业名称见书后附表2（附表2左栏中加*号的即为出现在图4-2全球价值树

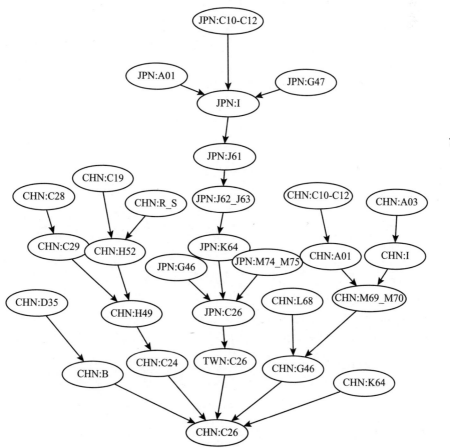

图4-2 2014年中国计算机、电子和光学产品制造业的全球价值树

中的行业），箭头表示行业供给增加值的方向。以中国计算机、电子和光学产品制造业作为全球价值树的根产业，可以发现中国计算机、电子和光学产品制造业的生产中，直接或间接使用的增加值主要来源于本国和日本等地区。来源于日本的增加值集中于计算机、电子和光学产品制造业；计算机程序设计、咨询及相关活动，信息服务活动；金融服务活动，保险和养恤金除外；批发贸易，但汽车和摩托车除外；等等。

第 5 章 中国在全球价值链网络演变中地位的影响因素分析

从复杂网络的视角观察，中国在全球价值链网络中地位的提升，意味着中国的总度值、出度值、入度值、出度中心性值、入度中心性值、出接近度中心性值和入接近度中心性值等主要网络节点拓扑特征值的提高。也就是说，中国为更多其他国家的总出口提供增加值、中国自身的总出口生产中也使用更多国家提供的增加值。除与更多国家建立增加值联系之外，中国在全球价值链网络中地位的提升还意味着其对其他国家所需增加值的供给能力提高，如增加值供给的增长。

5.1 国际环境

无论是出口本国增加值还是进口国外增加值，都需要一个开放合作的国际环境以及世界经济的稳定发展，这是全球价值链合作持续开展的重要前提条件。而 2008 年全球金融危机以来，包括美国等主要发达国家在内的一些全球价值链重要参与国开始实施各种贸易保护主义政策。美国自 2017 年挑起的中美贸易摩擦、2020 年初开始的新冠肺炎疫情，都对全球价值链合作的顺利开展构成了严峻挑战。

5.1.1 贸易保护主义与中美贸易摩擦

发达国家的贸易保护情绪在 2016 年美国总统竞选以及英国退欧公投中已开始显现。2016 年的美国大选充分体现了美国外交和经济政策的重要转折，特朗普政府实施美国优先政策，对多个国家挑起贸易摩擦：继 2017 年 4 月对进口自加拿大的软木征收 20% 关税，2018 年 5 月，又宣布对进口自加拿大的钢制品和铝制品分别征收 25% 和 10% 的关税；2019 年 6 月，美国以美墨边境非法移民问题为由，宣布将对来自墨西哥的进口商品征收 10% ~25% 比例不等的关税；美国明确指责中国对美的贸易顺差是导致美国制造业工人失业的直接原因，并于 2017 年 8 月对中国发起了主要针对航空、电子、机械、医疗等高技术产业的 301 调查；2018 年 6 月，美国公布对进口自中国的 500 亿美元商品征收 25% 附加关税的商品清单；2019 年 5 月，美国宣布提高价值 2000 亿美元的中国输美商品关税，从 10% 上调至 25%。虽然美国于 2020 年 5 月公布了涉及 146 项产品的关税排除清单，但美国在对外经济上的贸易保护主义倾向并未发生实质性改变。

以美国为代表的国家实施的贸易保护政策特别是中美贸易摩擦给中国在全球价值链中的地位带来了极大的不确定性影响。首先，全球价值链发展的基础是低关税、低壁垒的自由贸易，加征关税等贸易保护主义做法极易引发贸易伙伴的报复性关税征收行为，从而引起一系列连锁反应，破坏全球价值链的合作基础；同时作为全球价值链网络中的两个关键节点，中国和美国的贸易摩擦也在一定程度上影响全球价值链的结构，例如中国的大豆消费长期依赖进口，在对美国实施反制的过程中，中国选择从巴西等国进口大豆来替代从美国的进口。其次，在中美贸易摩擦中，美国对进口自中国的产品加征关税，直接导致中国相关企业成本上升、出口量和利润下降；加之全球价值链分工的特点是一个国家的某行业企业通常只负责产品生产过程的一个或几个环节，中国对美出口产品数量和价值的降低也会引发中间品进口的减少，最终降低中国在全球价值链中的参与度。再次，美国发起对中国的贸易摩擦，一个主要目的是压制我国高技术产业的发展，削弱中国在高技术领域的竞争能力，这点从美国对中国的征税清单中可以看出。而高技术产业的发展和技术创新是提升我国在全球价值链中地位的关键因素，在自主创新能力仍然有限的情况下，美国的技术压制短期内可能会对我国的全球价值链地位造成负面影响，但我们也应看到，其还可以倒逼中国企业重视和开展自主创新，长期可以起到促进中国在全球价值链中地位提升的作用。最后，全球价值链网络中关键节点国家的贸易保护政策和贸易摩擦会对资本市场和外汇市场形成较大不确定性。美国对中国众多商品征收进口关税，会使外汇市场形成人民币贬值的预期，根据汇率决定理论，这种预期往往对人民币币值形成实际影响。例如，在中美贸易摩擦较为激烈的 2019 年，人民币汇率波动也比较频繁。资本市场和外汇市场不确定性的增强反过来又导致跨国公司改变其全球生产布局，最终影响全球价值链网络的整体结构，也必然改变中国在全球价值链网络中的地位（张鸿韬，2019）。

5.1.2　新冠肺炎疫情对全球价值链的冲击

2020 年初，新冠肺炎疫情在全中国蔓延令人始料未及，而在我国采取有效措施及时控制住疫情时，国际疫情又全面暴发。面对疫情的扩散，各国限制人员流动，生产经济活动严重受阻。

中国在全球价值链的供给端和需求端都占据重要地位，会对产业链上下游产生较大影响。一方面，受疫情影响我国生产能力降低，对原材料和中间投入品的需求下降，致使价值链前端产业受到需求冲击；另一方面，产能不足使得我国对下游产业中间品的供应受阻，导致价值链后向产业由于缺少原材料而受到供给冲击。由此，我国全球价值链的参与度短期出现较大幅度下降。此外，疫情对我国全球价值链的不利影响受到我国内部价值链长度的制约。全球价值链长度表示生产一种产品的所有工序阶段，国内价值链长度越长代表在国内完成的生产工序段越多，受疫情的影响越小，而国内价值链长度越短，意味着受疫情影响越严重，中间品供应链断裂的风险越大。孟祺（2020）发现，我国自 2000 年以来各行业的国内价值链长度呈上升趋势，因此我国对新冠肺炎疫情等国际突发事件的承受能力是逐步增强的。另外，以中国为中心的亚洲价值链格局逐步形成，随着日本、韩国等亚洲国家的疫情得到控制，我国受全球疫情的影响进一步减弱。

表 5-1 中数据显示，2018～2021 年，我国出口总额保持增长，这说明我国疫情过后复工复产顺利，在满足国内需求的同时出口也得到扩张。而进口额在 2018～2020 年间持续下跌，直到 2021 年才显著增长。这是因为：一方面我国对外需求受疫情影响而减少，另一方面某些国家的疫情一直得不到有效控制，复工复产受到阻碍，无法满足出口需求或实行出口禁令，从而使得我国进口被动减少。

表 5 - 1   **2018 ~ 2021 年中国货物进出口额**   单位：百万美元

进出口额	2018 年	2019 年	2020 年	2021 年
出口总额	2486700	2499480	2589950	3363023
进口总额	2135750	2078410	2065960	2687143

资料来源：作者根据国家统计局官方数据整理而得。

5.2 基本经济因素

5.2.1 要素禀赋

一国出口增加值的高低，是该国在全球价值链分工中地位的重要表征指标之一。而决定出口附加值高低的一个重要因素是出口产品的结构及种类，这背后的基础便是该国的要素禀赋。比较优势是国际贸易的传统基础理论，在碎片化生产、"工序分工"、"中间品贸易"的全球生产网络条件下，比较优势仍是各国参与国际贸易的初始动力之一。伊藤等（Ito et al.，2017）认为增加值贸易比总值贸易更遵循比较优势理论，原因在于增加值的流动可以揭示劳动力、资本等生产要素沿全球价值链的使用情况。

作为古典国际贸易理论的重要构成部分，要素禀赋学说强调要素禀赋是国家比较优势的来源之一，一国应出口密集使用其丰裕要素生产的产品，进口密集使用其稀缺要素生产的产品。尽管古典国际贸易理论强调的比较优势是针对产业间贸易而提出的，但其也可以解释当今国际分工的主要形式——产品内分工。不同于产业间分工以产业为分工边界，产品内分工以价值链为分工边界。一件产品生产过程的各个区段，根据生产工序的特定要求，对各种投入品的要素组合比例的要求也不同，因而产品的价值链依照要素密集度的差异，可以分为劳动密集型、资本密集型、技术密集型等不同环节。

黎峰（2015）的研究发现，产业部门的要素禀赋结构与全球价值链分工地位显著正相关。从这个意义上来讲，中国按照其要素禀赋所决定的比较优势进行国际贸易是提高其全球价值链分工地位的重要依据

（鞠建东等，2004）。在全球价值链分工过程中，由于高级生产要素存在稀缺性，因此密集使用高级生产要素产品的贸易附加值就更高。一方面，随着一个国家出口产业要素禀赋结构的升级（即一个国家或地区出口产业的生产要素结构发生由密集使用低级生产要素向密集使用高级生产要素的提升），高级生产要素的使用相对增加，贸易附加值也随之增加；另一方面，高级生产要素（如技术、资本要素）的增加和积累，使得本国的研发和自主创新能力也随之增强，间接促使该国或地区参与全球价值链分工的地位得以提升。

表 5 - 2 是 2000～2018 年中国的资本形成总额、劳动力人口数量及相应的资本—劳动比，为更清晰地展现中国在 2000～2018 年资本—劳动比的变化，进一步将资本—劳动比绘到图 5 - 1 中。从表 5 - 2 和图 5 - 1 中可以看出，2000～2018 年，中国的资本—劳动比显著上升，从 2000 年的 0.047 提高至 2018 年的 0.614，2008 年全球金融危机后的几年呈加速度上升趋势。

表 5 - 2　　　2000～2018 年中国的资本形成总额、劳动力人口数量及相应的资本—劳动比

年份	资本形成总额（亿美元）	15～64 岁人口总数（万人）	资本—劳动比
2000	4066.86	86363.66	0.047
2001	4760.43	87561.79	0.054
2002	5316.54	89164.50	0.060
2003	6578.08	90984.23	0.072
2004	8182.58	92681.03	0.088
2005	9222.99	94081.65	0.098
2006	10983.85	95277.07	0.115
2007	14372.56	96185.84	0.149
2008	19419.69	96872.02	0.200
2009	23139.40	97456.22	0.237
2010	28339.49	98008.29	0.289
2011	35235.39	98431.98	0.358
2012	39440.46	98839.81	0.399

续表

年份	资本形成总额（亿美元）	15～64 岁人口总数（万人）	资本—劳动比
2013	44405.68	99198.69	0.448
2014	48003.72	99453.92	0.483
2015	47824.41	99569.77	0.480
2016	47889.00	99543.75	0.481
2017	52951.13	99429.48	0.533
2018	60850.23	99165.16	0.614

资料来源：作者根据世界银行数据计算而得。

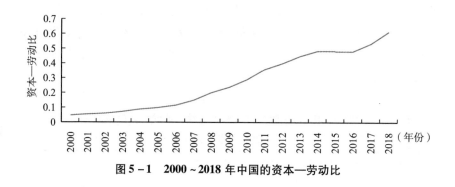

图 5-1　2000～2018 年中国的资本—劳动比

　　钱学锋和王备（2017）通过引入多要素投入和中间投入品异质性假设的一般均衡贸易模型，从企业层面研究发现，生产率高的企业会更倾向于进口中间投入品，且进口中间投入品的要素密集度越高，生产率比较优势越大。企业通过增加高级生产要素密集度中间投入品、减少低级生产要素密集度中间投入品的进口，使得高级生产要素通过中间投入品在国与国之间流动，影响一国要素禀赋结构的变迁进而影响贸易结构、贸易方式，并最终改变我国企业全球价值链分工的地位。由于企业要素禀赋结构的变化是构成国家要素禀赋结构变化的微观基础，因而中国进口中间投入品要素禀赋结构的升级，对我国全球价值链分工地位的提升具有积极影响。

　　一方面，图 5-2 显示，2000～2018 年，中国进口中间投入品的总体金额呈明显增长趋势。另一方面，需要测算 2000～2018 年中国进口中间投入品的要素密集度。笔者借鉴劳尔（2000）使用 SITC3（Rev.3）位数层次的贸易数据对产品要素密集度分类的方法（具体分类见表5-3），通过 SITC3 位数编码与 BEC 编码的对应，从联合国 Uncomtrade 按 BEC 分类的贸易数据库中找到中国进口中间投入品［国民经济核算体系（SNA）中中间投入品的构成见书后附表8］的数据进行加总，结果见附表9和图5-3。图5-3显示，样本期内，高资本和技术密集型中间产品的进口量一直较大，2009 年以前几乎都位于六种分类中的第一位，2010~2018 年一直位于第二位。

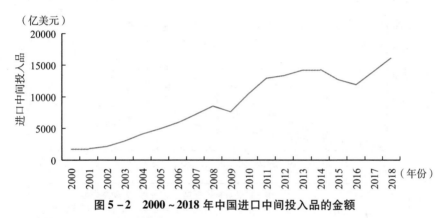

图 5-2　2000~2018 年中国进口中间投入品的金额

资料来源：Uncomtrade 数据库。

表 5-3　　　　　　进口中间投入品按要素密集度分类

进口中间投入品分类	代表性产品
初级产品	煤矿、木材、金属矿
自然资源密集型	
基于农业型产品	食品饮料、肉制品、食用油、果蔬
其他产品	石油、橡胶制品、纸张、玻璃
劳动密集型	毛棉纺织品、鞋类、玩具、手工艺品
低资本和技术密集型	合成纤维、化学品、染料、化肥
中资本和技术密集型	
自动化设备	商用车辆、摩托车零部件、运输设施
工程类产品	发动机、泵机、工业机械、船只、钟表
高资本和技术密集型	

进口中间投入品分类	代表性产品
电子和电力产品	办公、数据处理、电信、发电设备、晶体管
其他产品	医药产品、航空类产品、光学测量仪器
其他	黄金、艺术品、钱币

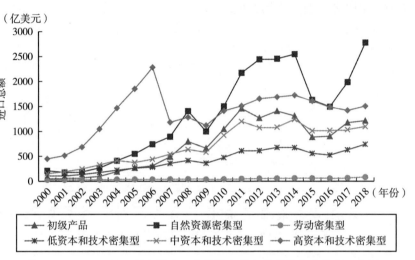

图 5 - 3 2000～2018 年中国进口中间投入品各分类代表产品进口总额
资料来源：根据 Uncomtrade 的数据计算而得。

5.2.2 技术创新

除了要素禀赋，技术创新也是决定国际分工、贸易结构以及一国在全球价值链中地位的主要因素。技术水平的进步能提升资本和劳动力这两种生产要素的使用效率，一方面，降低生产成本，使增加值出口企业获得成本优势，促进增加值出口数量的提升；另一方面，资本和劳动力要素使用效率的提高，可使我国负责一种产品更高技术水平工序的生产成为可能，即产品内分工临界点发生变化。

随着新贸易理论和新增长理论的发展与相互交融，学者们认为动态比较优势与技术创新等因素息息相关，产品内国际分工地位会随着比较优势的动态变化而发生变化。从动态发展角度来看，处于全球价值链低端环节的发展中国家在具备一定强度的自主创新能力后，能够更好地吸收与模仿发达国家的先进技术，缩小技术差距，实现由出口低技术含量产品向出口更高技术含量产品的转变（刘志彪和张杰，2009）。基于此，技术创新水平的变化可以改变我国的比较优势，并且在比较优势发生变化的同时更有利于我国从技术引进向自主研发转变，从而实现我国在全球价值链中分工地位的攀升。刘海云和毛海欧（2015）的实证研究表明，随着技术创新水平的提高，中国的全球价值链分工地位得到提升，但是影响逐渐递减，且这种影响相对温和。这很可能是由于发达国家最先进的技术不一定最适合发展中国家的基础条件和发展阶段，一国技术创新水平的提高必须与该国要素禀赋结构的升级相配合（林毅夫和张鹏飞，2006）。

技术创新通常由专利申请量、研发支出占 GDP 的比例等指标表征，因此表 5 - 4 和图 5 - 4 列出了 2000 ~ 2018 年中国和世界的专利申请量、中国专利申请量占世界的比重，以及中国研发支出占 GDP 的比例等指标数据，以观察中国这些年份的技术创新变化。

表 5 - 4　　　　　　2000 ~ 2018 年技术创新表征指标

年份	专利申请量（世界）（件）	专利申请量（中国）（件）	中国专利申请量占世界的比重（%）	中国研发支出占 GDP 的比例（%）
2000	823135	25346	0.031	0.893
2001	832271	30038	0.036	0.940
2002	825377	39806	0.048	1.058
2003	856380	56769	0.066	1.120
2004	895604	65786	0.073	1.215
2005	965494	93485	0.097	1.308
2006	997856	122318	0.123	1.369
2007	1054735	153060	0.145	1.374
2008	1080213	194579	0.180	1.446
2009	1075376	229096	0.213	1.665
2010	1160899	293066	0.252	1.714
2011	1291550	415829	0.322	1.780
2012	1441077	535313	0.371	1.912

续表

年份	专利申请量 （世界）（件）	专利申请量 （中国）（件）	中国专利申请量占 世界的比重（%）	中国研发支出占 GDP 的比例（%）
2013	1625121	704936	0.434	1.998
2014	1713039	801135	0.468	2.030
2015	1864186	968252	0.519	2.066
2016	2128683	1204981	0.566	2.118
2017	2162897	1245709	0.576	2.145
2018	2294847	1393815	0.607	2.186

资料来源：世界银行数据库。

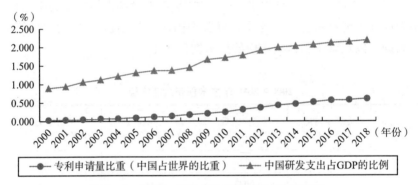

图 5 - 4　2000 ~ 2018 年技术创新表征指标对比

资料来源：世界银行数据库。

从表 5 - 4 和图 5 - 4 可以发现，一方面，中国专利申请数量占同期世界专利申请总量的比重呈稳步递增趋势，2005 年开始上升速度加快；另一方面，研发强度的不断增大能够促进自主创新能力的提高，对比中国专利申请量占世界同期的比重与中国研发支出占 GDP 的比例数据可以看出，2008 年以后中国研发支出增速明显，2010 年中国专利申请数量占世界的比重同趋势演变。总之，研发强度通过对技术创新的促进作用，对全球价值链的升级具有积极的促进作用（耿晔强和白力芳，2019）。

5.2.3　人力资本

根据经济合作与发展组织（OECD）的界定，人力资本是处于市场环境中的个体和群体所拥有的用于生产商品、服务或思想的知识、技术、能力和其他特征。人力资本理论认为，人力资本存量的数量和质量可通过投资来提升，既包含对教育和培训的投资，也包括疾病防治的投资。换句话说，人力资本包含教育人力资本和健康人力资本两个主要方面。

面对中国长期被锁定在全球价值链低端位置的局面，学者们提出通过提高劳动力素质促使比较优势发生动态变化，以提高我国在全球价值链中的分工地位（李静，2015）。人力资本结构高级化与全球价值链分工地位的提高互为因果。中国参与国际分工时，要面对欧美等发达国家消费者更为严格、苛刻的产品质量需求以及安全和环保标准等，对我国的人力资本提出更高要求。人力资本作为产品设计、生产、管理等所有环节的基本载体，对于生产符合外贸要求的产品具有不可替代的重要作用（刘志彪和张杰，2009）。另外，参与到全球价值链中，人力资本有更多机会接触到更先进的技术，并在短期内完成消化、吸收与创新，对于我国人力资本生产能力的提升具有极大的推动作用。相反，以熟练劳动力为代表的人力资本的积累和人力资本结构的升级对我国全球价值链位置的提升也具有积极的作用。熟练劳动力的积累增强了我国在高端产品上的生产能力，使我国能以更低的价格提供数量更多的产品与服务，从而为我国全球价值链的升级奠定基础（唐海燕和张会清，2009）。另外，高素质人力资本具有稀缺的生产配置能力、技术吸收与再创新能力，因此人力资本结构的升级能够通过促进产业和技术结构的升级，推动中国全球价值链分工地位的提升（耿晔强和白力芳，2019）。以上是主要从教育人力资本的角度进行的分析。下面用高等院校入学生占总人口的百分比来观察我国教育人力资本情况的变化，图 5 - 5 给出了 2000～2018 年世界与中国高等院校入学率的对比数据，可以发现自 2000 年以来，我国高等院校入学率增长迅猛，至 2005 年增长速度放缓，但到 2011 年增长速度恢复之前的增长态势。我国的高等院校入学率与世界高等院校入学率的差距逐渐减小，到 2014 年超过了世界高等院校入学率水平，2018 年超过世界水平 33%。需要引起注意的是，虽然教育人力资本对所有类型制造业价值链的攀升都具有显著的促进作用，但对劳动密集型产业、资本密集型产业和技术密集型产业的促进作用是依次增加的（李强和郑江淮，2013）。因此，我们应合理安排教育人力资本与制造业类型的匹配，以实现高质量参与全球价值链。

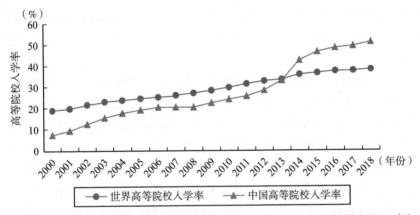

图 5 - 5　2000 ~ 2018 年世界与中国高等院校入学率（占总人数的百分比）对比
资料来源：世界银行数据库。

虽然现有文献较少关注健康人力资本对一国参与全球价值链的影响，但作为人力资本存量的一个组成部分，健康人力资本的增加可以提高经济的生产率。从格鲁斯曼（Grossman，1972）开始，经济学家们就把健康看作是影响生产力、寿命和福祉的人力资本的一种形式。预防和治疗的健康护理服务可以改善工人的生产力并提高他们的生活质量，更健康的员工在工作中具有精神敏锐度、力量和耐力，能为自己和雇主提供更大回报。因此，本章第 5.6 节将基于面板数据实证检验健康人力资本对我国在全球价值链网络中增加值供给的影响。

5.2.4　基础设施

王永进等（2010）的研究证实，基础设施建设的发展稳健地提高了各国的出口技术复杂度。与国内贸易相比，对外贸易面临更多不确定性和风险，给增加值出口企业带来更大的挑战。面对消费者要求和市场情况的多端变化，出口企业必须具备生产要素及时有效调整的能力，从而降低调整成本。一国基础设施的发展有助于出口企业调整成本的降低，如发达的通信和便捷的交通能有效降低获取生产要素及中间投入品的搜索成本和运输成本，进而减少出口企业调整成本。由于技术复杂度较高的产业具有价值链更长、分工工序更多的特点，因而其中间品等生产要素的调整需求更大、范围更广，基础设施对该种产业调整成本的影响程度就更大。由此，基础设施建设的发展极大地促进了高技术复杂度产业参与全球价值链的程度，从而对一国全球价值链分工地位的攀升产生积极影响。

改革开放 40 多年来，中国创造了基础设施飞速发展的世界奇迹，交通和通信两大基础设施的发展尤为突出（见表 5 - 5）。表 5 - 5 显示，2000 ~ 2018 年，我国铁路里程从 58656 公里增加到 67515 公里，居世界第四位，仅次于美国、俄罗斯和印度；手机用户从 2000 年的 0.853 亿增长到 2018 年的 16.493 亿（含一人多卡的情况）；固定宽带用户由 2000 年的 2.27 万增至 2018 年的 4.07 亿。

表 5 - 5 　　　　　　　**2000 ~ 2018 年中国部分基础设施发展情况** 　　　　　93

年份	铁路总公里数（公里）	固定宽带用户（万）	移动电话用户（亿）
2000	58656	2.27	0.853
2001	59079	33.63	1.448
2002	59530	329.85	2.060
2003	60446	1121.90	2.699
2004	61015	2493.96	3.348
2005	62200	3735.00	3.934
2006	63412	5085.30	4.611
2007	63637	6641.40	5.473
2008	60809	8287.90	6.412
2009	65491	10397.80	7.472
2010	66239	12633.70	8.590
2011	66041	15648.70	9.863
2012	66298	17518.30	11.122

续表

年份	铁路总公里数（公里）	固定宽带用户（万）	移动电话用户（亿）
2013	66585	18890.90	12.291
2014	66989	20048.30	12.861
2015	67212	27704.60	12.919
2016	67092	32259.70	13.649
2017	67278	39419.00	14.699
2018	67515	40738.20	16.493

资料来源：世界银行数据库。

　　此外，21 世纪以来我国基础设施发展的另一大亮点无疑是中欧班列的开通。中欧班列开行以来，极大地促进了我国国际贸易的发展和全球价值链的升级（见表 5-6）。截至 2019 年，中欧班列累计开行超过 21000 列，国内开行的城市达到 71 个，可到达欧洲 19 个国家的 67 个城市。

表 5-6　　　　　　　　**2014～2019 年中欧班列运营情况**

项目	2014 年		2015 年		2016 年	
	中欧班列数（列）	发送箱（万标准箱）	中欧班列数（列）	发送箱（万标准箱）	中欧班列数（列）	发送箱（万标准箱）
去程	280	2.39	550	4.7	1130	9.7
回程	28	0.23	265	2.2	572	4.3
合计	308	2.62	815	6.9	1702	14
项目	2017 年		2018 年		2019 年	
	中欧班列数（列）	发送箱（万标准箱）	中欧班列数（列）	发送箱（万标准箱）	中欧班列数（列）	发送箱（万标准箱）
去程	2399	21.2	3696	31.9	4525	40.2
回程	1274	10.6	2667	22.3	3700	32.3
合计	3673	31.8	6363	54.2	8225	72.5

资料来源：中铁集装箱有限责任公司官网，http：//www.crct.com/index.php？m = content&c = index&a = lists&catid = 22。

94

　　半个多世纪以来，海运一直是国际贸易的主要运输渠道，发达国家通过占据海洋运输的主导权控制着产品的分销渠道，从而长期处于全球价值链高端环节的主导地位。而中欧班列的诞生和发展打破了这种固有的国际贸易格局，成为我国对外贸易竞争和全球价值链升级的新优势。

　　中欧班列具备传统海洋贸易模式所没有的综合分销功能，重塑了全球价值链体系。第一，在以往传统的国际贸易模式中，我国生产商与国外消费者通过层层分离的环节很少有直接对接的可能，而且每一环节都有贸易附加值产生，我国处于价值链低端，仅获得极其微薄的利润，然而中欧班列借助于发达的物流运输体系支持国内直发及海外仓发货等多种方式，使直接对接海外消费者成为便利的现实，提高了我国出口企业在全球价值链中分销环节的附加值。第二，中欧班列降低了出口企业的固定成本和可变成本，拓展了我国出口的扩展边际和集约边际。中欧班列凭借其"点对点"的出口模式大大减少了国内外信息不对称产生的不确定性和沉没成本，降低了出口企业的进入门槛，激发了国内中小企业的出口活力，从而优化了我国出口的扩展边际。第三，中欧班列运输成本较低、速度较快和安全性更高的优点，增加了企业的出口规模，尤其促进了高复杂度产品的出口（裴长洪和刘斌，2019）。

5.3　制度和政策因素

5.3.1　制度质量

　　制度指的是影响经济成果的各种社会结构，如合同执行、产权、投资者保护、政治制度等。制度质量作为比较优势的来源之一，对于我国全球价值链分工地位的攀升具有显著的正向作用（戴翔和郑岚，2015）。制度质量包括知识产权的保护、契约的执行质量、投资者法律保护的程度等。

　　在全球价值链分工体系下，制度质量通过成本机制作用对价值链分工地位产生重要影响。例如，行政审批制度改革影响一国制造业企业价值链地位的微观机制在于，行政审批制度改革可以直接或间接影响企业是否能将时间、资金等资源配置于生产性活动，进而通过直接降低交易成本以及促进创新降低生产成本，推动企业在全球价值链分工中的地位攀升，且这种影响因企业所有制性质、融资约束、所在城市地理位置等异质性因素存在差异（刘胜和申明浩，2019）。经典的分工理论已经清晰地阐述了国际分工和专业化出现和演进的动力来自生产效率的提高和生产成本的降低。但是分工细化之后交易费用的上升是必然的，所以，当分工的好处大于交易费用时，国际分工继续演进，而当交易费用超过分工带来的好处时，分工必然停滞。由国与国之间分工细化产生的交易费用一般包括信息搜索成本、合约监督及执行成本和可能产生的企业特有优势流失造成的成本。而这些交易成本多数取决于本国市场的完善程度、政府的行政执行效率以及法律法规的完善程度等本国制度质量。然而在全球价值链分工环境中，处于价值链的不同位置将产生不同的交易费用。在全球价值链的低端位置，主要是一些发展中国家利用廉价和丰富的初级生产要素进行生产、加工组装等经济活动。这一环节由于缺乏技术性而逐渐具有"通用性"特征，因而此环节产生的交易成本相对较低，受制度质量的影响较小。相反，处于全球价值链的高端位置对技术、知识和资本等要素有较高要求，因而此环节的生产经济活动具有"专用性"特征，对外部制度质量就有着较高要求。

表5–7中的制度质量指标（用S表示）参照戴翔和郑岚（2015）的测算方法，利用GDP与全国财政支出中一般公共服务支出及公共安全支出之比和全国财政收入中罚没收入占GDP之比的算术平均数作为制度质量的替代指标。该数值越大代表着制度质量越低，反之则反是。表5–7显示，2007~2014年制度质量指标值不断增大，从2015年开始呈下降趋势，意味着我国制度质量不断完善，对全球价值链分工地位的提升逐渐产生促进作用。

表5–7　　　　　　　　　**2007~2018年中国制度质量指标**

指标	2007年	2008年	2009年	2010年	2011年	2012年	2013年	2014年	2015年	2016年	2017年	2018年
S	36	37	37	40	41	46	46	49	48	45	44	44

资料来源：根据历年《中国统计年鉴》数据计算而得。

5.3.2　特朗普政府税改政策

近年来国际生产分工网络日益深化，全球价值链重要生产环节所处国家的政策变动都会引起全球生产网络格局的联动反应。美国是全球价值链网络的重要节点之一，长期居于全球价值链高端环节的主导地位，其经济政策的变动必然引致双边及多边贸易增加值波动。2018年1月1日，旨在扩张本国消费需求、吸引制造业回流国内的美国《减税与就业法案》正式实施：个人所得税由最高税率39.6%下调为33%，公司所得税率从最高35%降低至15%。

特朗普政府的减税政策对中国在全球价值链地位的影响尚不明确，这次税改的重点在于降低企业所得税，降低生产成本，从而吸引资本回流美国，激发美国国内企业活力。由此一方面，高端制造业回归美国本土，可能会使高科技行业的技术外溢效应减弱，同时高技术资本流出中国，不利于我国技术创新和产业升级（李敬等，2018）；另一方面，美国企业生产迅速扩张，对中间品生产资料和生产要素的需求增加。此外，个人所得税率的降低使美国居民的可支配收入提高，进而引发对国外商品需求的增加。中国是美国主要的进口来源国之一，美国企业和个人对国外贸易品需求的提升，可能促进中国对美国的增加值出口。周玲玲和张恪渝（2019）实证研究发现，此次美国税改政策对我国代表高资本和技术密集型的电子产业的出口贸易增长的促进作用最大，对代表劳动密集型的纺织品产业的出口贸易增长的促进作用次之，对代表中资本和技术密集型的汽车产业的出口贸易增长的促进作用相对较弱，可能是由于我国汽车产业以加工贸易为主，占据汽车产业价值链高端位置的欧美国家获取了绝大部分贸易利益。

5.3.3　区域贸易安排

自20世纪90年代以来，全球区域贸易协定（Regional Trade Arrangements，RTA）的数量迅速增加，尤其进入21世纪以后增加的速度更加迅猛（见图5-6）。我国区域贸易协定的签订情况也在近年来不断取得突破，根据商务部公布的数据，截至2023年2月，我国已签署的自贸协定有 21 个、涉及 26 个国家（地区），正在谈判及正在研究的自贸区有近 20 个，其中包括已签订自贸区的升级谈判。

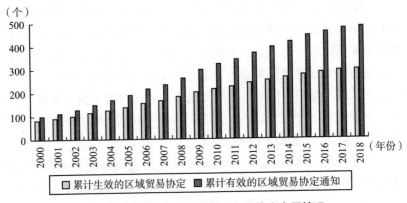

图 5 - 6　2000 ~ 2018 年区域贸易协定发展情况

资料来源：世界贸易组织，http：//rtais. wto. org/UI/charts. aspx。

相关研究证实了区域贸易协定对参与国家（地区）的贸易增加值具有促进作用。区域贸易协定本质上是一种促进国际分工和贸易发展的制度安排。

签订国（地区）之间能以更高的开放度进行生产分工和贸易。更高的开放度体现在某些货物贸易的关税基本降至零、服务业市场准入行业更多、技术壁垒更低、知识产权的保护更为严格、贸易争端解决机制更有效力且监管政策更加透明等。因此，区域贸易协定的有效实施可以极大降低国际分工和贸易的交易费用，促使全球价值链分工不断细化和生产工序增加。

成员国国内生产通过实现规模经济降低成本。根据区域经济一体化理论，区域经济合作的动态效应之一是规模经济的实现。对于增加值出口企业而言，本国与他国区域经济一体化协议的达成，意味着本企业可以更低的关税进入成员国市场。市场的扩大使得企业有机会扩大生产规模，随着企业生产规模的增大，其平均单位成本到达递减的阶段即为规模经济。对中国来讲，如能和价值链上下游的主要国家达成区域贸易协定，意味着中间品进口成本和增加值出口壁垒的降低，本国在全球价值链中的参与度必然提升。

刘洪愧（2016）发现发达国家之间签订的区域贸易协定相对较少，而发展中国家和发达国家之间以及发展中国家之间的签订数量较多。得益于区域贸易安排，发达国家服务外包到发展中国家的数量增加，同时发展中国家进口中间品所面临的技术壁垒减少，发展中国家可以更多地通过技术外溢效应来提升本国技术水平，从而实现价值链分工地位的攀升。另外，由于中间品在发展中国家之间反复进出口，很小的贸易壁垒将产生巨额的交易成本，因而发展中国家之间的区域贸易安排通过减少交易费用极大地促进了它们之间生产网络的发展。

5.4　其　他　因　素

5.4.1　直接投资

自 1979 年中国通过第一部外商投资法《中外合资经营企业法》以来，外商投资在中国已有 40 多年的历史，在此期间中国通过引进外商直接投资与承接发达国家的产业转移而积极融入全球价值链分工体系中并取得了举世瞩目的成绩。另外，我国自 2000 年开始逐步放松管制，实施"走出去"战略，此后对外直接投资成为我国各界关注的焦点，对外直接投资规模迅速增加。国内外众多学者通过研究发现，无论外商直接投资还是对外直接投资都对全球价值链升级具有不可忽视的重要作用。

1. 外商直接投资

为了抢占市场份额或寻求资源，发达国家会加大对中国的直接投资力度，随着外商投资的增多，国内的资本数量也随之增多，国内利率水平就会降低，从而会降低全球价值链高端生产工序的成本；同时发达国家对国内的直接投资也具有技术溢出效应，使我国接触到先进的技术，通过吸收消化和学习模仿提升我国的技术水平，从而使我国在全球价值链中的生产工序得以向高端生产延伸，最终实现我国在全球价值链中分工地位的攀升（李强和郑江淮，2013）。而且，外商直接投资对劳动密集型产业在全球价值链中提升的作用显著，而对资本和技术密集型产业在价值链中提升的积极作用并不显著。不过有研究指出，随着中国融入全球价值链的深度和复杂度增加，外资对贸易增加值的促进作用呈现逐渐递减的趋势（罗伟和吕越，2019）。

2. 对外直接投资

中国对外直接投资在带动本国产业结构调整和技术创新能力增强的同时，也对全球价值链的分工地位产生影响，主要影响机制包括以下几种。

（1）边际产业转移效应。

根据小岛清的边际产业扩张理论，我国对外投资的主体应该是那些在本国已经丧失比较优势而在东道国具有比较优势的产业。近年来，由于我国劳动力成本上升，使得制造业成本和产品价格上升，从而使我国的低劳动力成本比较优势逐步丧失。通过将我国边际产业转移至国外可以实现国内资源的重新配置，提高资源配置效率，促进国内产业结构调整，提高产业国际竞争力，从而提高我国全球价值链的分工地位。

（2）逆向技术溢出效应。

我国的对外直接投资一般都伴有技术寻求的目的，其通过接触发达国家的高新技术，获取逆向技术溢出效应来促进我国技术创新水平的提高。我国对外直接投资可以通过并购、建立研发机构或者子公司、雇佣高级人才与利用先进设备等路径来获取逆向技术溢出效应。由此我国技术水平不断提高，与发达国家的差距逐渐缩小，从而提高产品附加值，扩大我国全球价值链的工序，使我国全球价值链的分工地位攀升。

（3）市场竞争效应。

我国对外直接投资将面临东道国与其他投资国的激烈竞争，在此过程中，我国通过与其他国家的学习、交流、竞争与合作必然能够提高自身竞争力，从而带动我国国内产业的竞争与格局发生变化。另外，通过竞争能淘汰掉我国资源配置效率低的产业，从而释放出沉淀的劳动力和资本等生产要素，优化资源配置，促进国内增加值的提高和全球价值链分工地位的提升。同时，对外直接投资也可能出现资源挤占效应、面临发达国家的技术壁垒，这些因素都会对我国全球价值链分工地位的提升产生抑制效应（郑丹青，2019）。

5.4.2　服务业发展

近年来全球价值链的发展和重构除了发生在生产领域外，也越来越广泛地拓展到服务领域，发展和构建我国全球服务价值链对提升我国全球价值链的分工地位具有积极作用（乔小勇等，2017）。服务业是产品价值提升和实现的重要源泉，在全球价值链活动的协调和产品价值的创造方面发挥着重要作用。服务业在全球价值链中起连接和协调的重要作用。在全球生产碎片化过程中，需要各种服务协调各种生产活动和人，服务业发挥着"连接剂"和"润滑剂"的重要作用。此外，服务业的另一种重要作用是作为制造业的中间投入。价值链初始阶段的研发设计及工程活动和价值链末端的营销售后环节都是重要的服务活动。当这些活动也像生产环节那样外包时，就成为服务业中间投入。作为中间投入的服务贸易也可以通过提高各种生产要素的配置效率来提高生产效率，以提升我国全球价值链的分工地位（夏杰长和倪红福，2017）。服务业的发展，不论是其自身在全球价值链中位置提升还是通过优化资源配置促进制造业生产率的提高，都对我国价值链分工地位的提升具有积极意义。

5.4.3　融资约束

党的十九大报告提出，要加快完善社会主义市场经济体制，重点深化金融体制改革，加强金融服务实体经济的能力，提高直接融资比重，促进多层次资本市场的健康发展。2020 年新冠肺炎疫情"黑天鹅"事件发生以来，我国外贸企业受创，国家秉承十九大精神坚持为我国外贸企业尤其是中小微企业营造宽松的融资环境，通过改革金融结构更好地服务我国外贸企业的发展。

学者们通过理论与实证研究发现，融资约束对全球价值链分工地位的提升会形成一定的阻碍。企业是构成国家宏观层面的微观基础，通过对我国异质性企业的研究，也能从宏观上说明我国整体融资能力与全球价值链升级的关系。

一般情况下，出口贸易都需要垫付大量的固定成本，这些资金的用途包括研发和产品更新、市场调研、广告和设备投资等。此外，还需要支付可变成本用于中间品的购买、预付工人工资及设备或土地的租金等。由于摩擦普遍存在于金融市场，每个企业获取外部资金的融资成本存在巨大差异，因此企业不同的融资能力决定了其是否参与到全球价值链分工中或价值链分工地位的高低（吕越等，2015）。不同的贸易方式对应不同的预付成本，一个融资成本高、融资能力差的企业会选择对预付成本要求低的全球价值链的低端位置。因此，中国企业存在的融资约束制约了企业向全球价值链高端位置攀升的潜在可能（黄先海等，2016）。而一国企业融资约束的大小又受该国金融结构的影响。有国内外学者研究发现，市场主导型的金融系统与通畅的融资渠道能够不同程度地降低一国企业的外部融资成本，有利于扩大市场资金供给与优化市场资本配置效率，从而提升一国的全球价值链分工地位（盛斌和景光正，2019）。

图 5-7 显示，2000~2018 年中国私营部门的国内信贷总额存在显著的递增趋势，由 2000 年的 13.461 千亿美元增长至 2018 年的 219.277 千亿美元。2008 年全球金融危机后，我国私营部门的信贷总额呈加速度递增趋势，我国全球价值链地位的攀升与我国金融发展水平的快速提升不无关系。

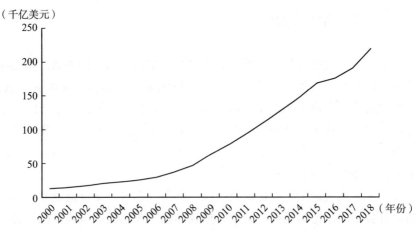

图 5-7　2000~2018 年中国私营部门的国内信贷总额

资料来源：根据世界银行数据计算而得。

5.4.4　人民币汇率

根据汇率传递理论，我国出口企业面对人民币升值的冲击时，通常会通过提高外币标价的产品价格来转嫁出口贸易的汇兑损失。然而受成本结构、市场需求和吸收能力等因素的影响，企业面对异质性商品重新制定出口价格的程度存在差异，进而对各种商品的出口规模产生不同程度的影响，由此引起我国出口产品结构的动态调整。

成本结构、市场需求和吸收能力对出口定价的作用机理存在区别，人民币升值调节出口产品结构的传导机制也有所不同。从成本结构因素来说，由于高技术产品存在分工工序更多、价值链更长的特征，企业进口的上游中间投入品更多，进口中间品成本占高技术产品生产总成本的比重较高，而人民币的升值有利于降低进口成本，由此出口高技术产品的企业获得更多的成本节约。此时企业面对人民币升值引发的汇兑损失可以通过小幅度的涨价来规避，这样会减小出口规模的下降程度。如果节约的中间进口品成本高于升值带来的汇兑损失，企业甚至可以通过降低产品价格抢占更大的市场份额。与之相比，低技术产品面临非常不利的情况。由于中间投入品的进口成本占总成本的比重较低，产生的成本节约非常有限，低技术产品出口企业只能通过大幅度的提价来减少汇兑损失，产生的结果必然是出口规模大幅萎缩。从市场需求因素来说，高技术产品由于研发投入和技术含量高，其所面临的市场竞争相对较弱，产品的需求价格弹性也相对较低，高技术产品出口企业可以通过较高幅度的提价来减少汇兑损失，以使企业的利润目标几乎不受影响。然而低技术产品出口企业面对的需求约束较强、需求价格弹性较高，为了避免出口规模的严重下降，企业只能小幅提升价格，因此转嫁的汇兑损失极为有限。从升值冲击的吸收能力来说，高技术产品处于垄断竞争甚至寡头垄断的市场格局中，企业能够获得较多的超额利润。为了获得垄断定价的长期利益，企业必须确保市场份额不减少，因此更倾向于不提高价格从而避免出口规模受损，面对汇率冲击表现出更强的承受能力和自我吸收能力。相比之下，低技术产品面对完全竞争的市场格局，出口企业的盈利非常微薄，只能通过提价减少汇兑损失，升值冲击的吸收能力较弱。人民币升值会通过对出口产品价格的影响，形成一种优胜劣汰的

"倒逼机制",促进出口产品结构的升级,进而对我国全球价值链分工地位的攀升产生积极影响。图5-8显示,2000~2018年中国实际有效汇率指数呈明显的缓慢递增趋势。其中2005~2015年人民币升值53%,2016年开始出现贬值趋势。

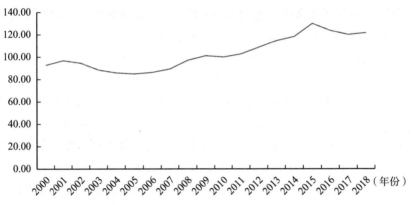

图5-8　2000~2018年中国实际有效汇率指数(2010=100)

资料来源:世界银行数据库。

5.5　制度质量影响全球价值链地位的实证分析

一国在全球价值链中的供给能力是其要素禀赋、技术水平、制度政策、国际经济环境等条件综合作用的结果,近几年,制度质量的作用受到越来越多的关注。

5.5.1　被解释变量

一国在全球价值链中如果能成为中间产品的关键供应商甚至关键中间产品的供应商,会相应促进该国经济增长、就业增加及生活水平的提高。例如,中国及东南亚发展中国家通过融入东亚生产网络整合进全球价值链,迅速成长为全球价值链网络的核心节点。一国在全球价值链中的供给能力,一定程度上反映了该国在全球价值链中的控制力及地位,往往与其参与全球价值链的收益相对应。因此,本节和下一节的实证分析中选择一国在全球增加值贸易网络中的增加值供给量作为被解释变量。

1. 测算方法

根据式（3-2）计算得到的每一年的矩阵中，将每一行的所有元素相加，即为该行所代表的国家向网络中所有其他国家总出口生产提供的增加值总量。

2. 测算结果

2000~2014 年为全球增加值贸易网络内其他国家出口提供增加值量前 5 位的国家如表 5-8 所示，对比出度和出接近度中心性来看，变化较大的是：日本在增加值提供数量值方面的位次较高；中国自第三位逐渐跃升至第一位且在 2007~2014 年间一直位居首位；英国和法国在增加值提供数量值的位次方面低于其在出度和出接近度中心性方面的位次。

表 5-8　　　　　2000~2014 年为网络内其他国家出口提供增加
值量前 5 位的国家

年份	第 1 位	第 2 位	第 3 位	第 4 位	第 5 位
2000	日本	美国	中国	澳大利亚	韩国
2001	日本	美国	中国	韩国	澳大利亚
2002	日本	美国	中国	德国	澳大利亚
2003	日本	美国	中国	德国	澳大利亚
2004	日本	美国	中国	澳大利亚	德国
2005	日本	中国	美国	澳大利亚	德国
2006	日本	中国	美国	澳大利亚	德国
2007	中国	日本	美国	澳大利亚	德国
2008	中国	日本	美国	澳大利亚	德国
2009	中国	日本	美国	澳大利亚	德国
2010	中国	日本	美国	澳大利亚	德国
2011	中国	日本	美国	澳大利亚	俄罗斯

续表

年份	第 1 位	第 2 位	第 3 位	第 4 位	第 5 位
2012	中国	日本	美国	澳大利亚	俄罗斯
2013	中国	日本	美国	澳大利亚	俄罗斯
2014	中国	日本	美国	澳大利亚	德国

资料来源：作者根据计算结果整理。

从表 5 – 8 可以看出，中国、日本和美国为全球增加值贸易网络内的其他国家出口提供的增加值量在样本期内（2000 ~ 2014 年）一直位于前三位。图 5 – 9 展示了这三个国家在样本期内的增加值供给变化情况。

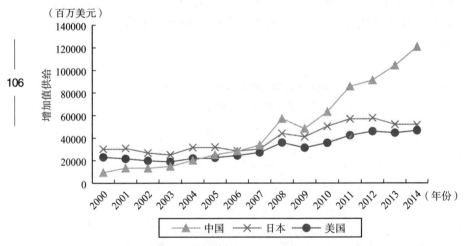

图 5 – 9　2000 ~ 2014 年中国、日本和美国为全球增加值网络内
其他国家出口提供的增加值

资料来源：作者计算而得。

5.5.2　实证模型及数据来源

为检验制度总体及三个维度对一国在增加值贸易网络中供给能力的影响，借鉴刘琳（2015）、李宏和陈圳（2018）、盛斌和景光正（2019）

的研究，建立计量模型如下：

$$\mathrm{vau_{it}} = \alpha_0 + \alpha_1 \mathrm{ins_{it}} + \alpha_2 \mathrm{gdppc_{it}} + \alpha_3 \mathrm{fix_{it}} + \alpha_4 \mathrm{labor_{it}} + \alpha_5 \mathrm{tfp_{it}}$$
$$+ \alpha_6 \mathrm{infra_{it}} + \alpha_7 \mathrm{open_{it}} + \alpha_8 \mathrm{fdi_{it}} + \varepsilon_{it} \qquad (5-1)$$

式（5-1）中 i 表示国家，t 表示年份，$\mathrm{vau_{it}}$[①]是 i 国在 t 年为网络中其他国家出口提供的增加值总量，α_0 为常数项，$\mathrm{ins_{it}}$ 为 i 国 t 年份的制度质量，也是本研究的核心解释变量；控制变量包括每年各国的人均 GDP（$\mathrm{gdppc_{it}}$，以 2010 年不变美元折算），固定资本（$\mathrm{fix_{it}}$，总固定资本形成/GDP），劳动力（$\mathrm{labor_{it}}$），技术水平（$\mathrm{tfp_{it}}$），基础设施（$\mathrm{infra_{it}}$，每百人中固定电话、固定宽带和移动网络使用人数），对外开放度（$\mathrm{open_{it}}$，进出口总额/GDP）和外国直接投资（$\mathrm{fdi_{it}}$，外国直接投资流入存量/GDP），ε_{it} 为随机误差项，$\alpha_1 \sim \alpha_8$ 为自变量的待估系数。各变量数据来源如下：$\mathrm{vau_{it}}$ 来自本书前一部分的测算，$\mathrm{ins_{it}}$ 使用经济自由度指数[②]，$\mathrm{gdppc_{it}}$、$\mathrm{fix_{it}}$、$\mathrm{labor_{it}}$、$\mathrm{infra_{it}}$、$\mathrm{open_{it}}$ 的相关数据均来自世界银行，$\mathrm{tfp_{it}}$ 来自佩恩世界表 PWT9.1，$\mathrm{fdi_{it}}$ 来自联合国贸发组织数据库。

本研究使用的数据包括 WIOD（2016）中除中国台湾地区之外的 42 个国家、15 个年份，属于短面板数据。实证检验中，为缓解异方差的影响，对有单位的几个绝对量取对数，包括 $\mathrm{vau_{it}}$、$\mathrm{gdppc_{it}}$、$\mathrm{labor_{it}}$、$\mathrm{infra_{it}}$；相关变量及描述性统计见表 5-9。

---

　① 制度对出口增加值量的影响较中心性地位更为直接，因此实证分析中使用一国为网络中其他国家出口所供给的增加值总量作为被解释变量。

　② 实证分析中，学者们广泛使用的制度代理变量为经济自由度指数和世界治理指数。经济自由度指数是由《华尔街日报》和美国传统基金会发布的年度报告，包括法制规范（产权、司法效率、政府诚信），政府规模（政府开支、税务负担、财政健康），监管效率（营商自由、劳动力自由、货币自由）和开放市场（贸易自由、投资自由、金融自由）四个维度的 12 个指标。世界银行的社会治理指标共包含了话语权与问责权、政治稳定性、政府有效性、监管质量、法制和腐败控制六个维度。本研究包含的国家和年份中，司法效率、财政健康、劳动力自由 3 个指标缺失数据较多，因而采用其他的 9 个指标。总体上，使用 9 个指标的算术平均值作为代理变量；维度方面，为与世界治理指数的维度相对应，将原指数中的监管效率和开放市场合并为一个维度，三个维度具体包括：产权和政府诚信的算术平均值作为法制规范的代理变量，对应世界治理指数的法制维度；政府开支和税务负担的算术平均值作为政府规模的代理变量，对应世界治理指数的政府有效性维度；营商自由、货币自由、贸易自由、投资自由、金融自由的算术平均值作为市场自由的代理变量，对应世界治理指数的监管质量维度。

表 5 – 9　　　　　　　　　　　　主要变量统计描述

变量	均值	标准误差	最小值	最大值	观测值
vau	6.0673	0.8711	3.9789	8.0817	630
ins	67.0318	8.3586	47.3	83.1	630
gdppc	4.3306	0.4226	2.9107	5.0537	630
fix	0.2343	0.0500	0.1154	0.4569	630
labor	6.9341	0.8126	5.1952	8.8942	630
tfp	0.7683	0.2104	0.3007	1.3937	630
infra	3.7771	0.5884	0.1310	4.3593	630
open	0.9284	0.5872	0.1980	3.9280	630
fdi	0.7324	1.9377	0.0103	18.1163	630

5.5.3　实证结果及分析

在对数据进行面板单位根检验后发现各变量数据均平稳，考虑到上下游企业间供应链的连续性、出口增加值是一个动态变化的过程，接下来分别进行静态和动态面板分析。静态面板分析时，邹氏（Chow）检验和似然比（Likehood ratio，LR）检验的结果均拒绝了混合回归模型，豪斯曼（Hausman）检验的 P 值为 0.0000，因此建立个体固定效应模型优于混合回归和随机效应。另外，模型设定的自变量间可能存在内生性问题，因此，在静态面板分析的基础上，本研究将因变量的滞后一期加入解释变量中构成动态面板模型（见式 5 – 2），并利用系统广义矩估计（generalized method of moments，GMM）方法进行回归。静态和动态面板回归结果见表 5 – 10。

$$\text{vau}_{it} = \alpha_0 + \beta \text{vau}_{i,t-1} + \alpha_1 \text{ins}_{it} + \alpha_2 \text{gdppc}_{it} + \alpha_3 \text{fix}_{it} + \alpha_4 \text{labor}_{it}$$
$$+ \alpha_5 \text{tfp}_{it} + \alpha_6 \text{infra}_{it} + \alpha_7 \text{open}_{it} + \alpha_8 \text{fdi}_{it} + \varepsilon_{it} \qquad (5-2)$$

从静态面板回归结果看，ins 的系数不论是制度总体还是三个维度均为正，除法制规范不显著之外，其余均在 1% 的水平显著；gdppc、labor、tfp、infra、open 的系数均为正值且在 1% 的水平显著；fix 的系数

108

表5-10 静态和动态面板回归结果

变量	静态面板回归结果				动态面板回归结果			
	制度总体	法制规范	政府规模	市场自由	制度总体	法制规范	政府规模	市场自由
$vau_{i,t-1}$					0.569*** (13.22)	0.557*** (10.68)	0.504*** (8.31)	0.553*** (9.82)
ins	0.012*** (7.06)	0.001 (0.84)	0.004*** (4.11)	0.012*** (9.08)	0.004*** (2.65)	0.001 (0.03)	0.002*** (3.62)	0.001** (1.14)
gdppc	1.830*** (12.61)	1.989*** (13.18)	1.861*** (12.4)	1.934*** (13.80)	0.220*** (5.31)	0.202*** (4.27)	0.124*** (5.22)	0.163*** (5.27)
fix	-1.423*** (-7.72)	-1.371*** (-7.14)	-1.355*** (-7.16)	-1.510*** (-8.37)	-0.237 (-0.89)	-0.084 (-0.31)	-0.239 (-1.43)	-0.125 (-8.37)
labor	1.399*** (5.91)	1.361*** (5.50)	1.291*** (5.29)	1.398*** (6.05)	0.286*** (4.29)	0.291*** (3.18)	0.252*** (5.37)	0.331*** (3.40)
tfp	5.440*** (9.14)	5.455*** (8.80)	5.793*** (9.4)	4.208*** (7.05)	0.480* (1.84)	1.291 (1.67)	2.702 (1.34)	1.103*** (1.55)
infra	0.084*** (3.96)	0.094*** (4.28)	0.096*** (4.43)	0.083*** (4.03)	0.141*** (3.96)	0.142*** (4.79)	0.130*** (7.58)	0.158*** (4.99)
open	0.208*** (5.48)	0.228*** (5.77)	0.217*** (5.56)	0.204*** (5.52)	0.356*** (11.53)	0.327*** (14.97)	0.358*** (12.84)	0.338*** (17.15)

变量	静态面板回归结果				动态面板回归结果			
	制度总体	法制规范	政府规模	市场自由	制度总体	法制规范	政府规模	市场自由
fdi	-0.010*** (-2.64)	-0.009** (-2.25)	-0.009** (-2.27)	-0.010** (-2.57)	-0.015** (-2.09)	-0.007** (-2.48)	-0.014* (-1.96)	-0.010* (-1.75)
常数项	-15.152*** (-8.77)	-14.792*** (-8.20)	-14.193*** (-7.96)	-15.058*** (-8.94)	-2.611*** (-3.19)	-1.948*** (-2.37)	-2.785 (-0.92)	-2.212*** (-2.64)
R²	0.853	0.840	0.844	0.860				
AR (1) P 值					0.0074	0.0041	0.0001	0.0032
AR (2) P 值					0.2352	0.4424	0.4627	0.4551
Sargan 检验 P 值					0.4556	0.4827	0.6872	0.6135

注：括号内是 t 值，***、**、* 分别表示满足 1%、5% 和 10% 的显著水平。

均为负值且在 1% 的水平显著；fdi 的系数均为负值；ins 使用制度总体数据时在 1% 的水平显著，使用三个维度数据时在 5% 水平下显著，表明外国直接投资更注重东道国本土化市场，即当地生产当地销售。

动态回归中总体和三个维度 AR（1）检验的 P 值分别为 0.0074、0.0041、0.0001、0.0032，不能拒绝存在自相关的原假设，即回归残差存在一阶自相关；总体和三个维度 AR（2）检验的 P 值分别为 0.2352、0.4424、0.4627、0.4551，拒绝存在自相关的原假设，即回归残差不存在二阶自相关，因而使用系统 GMM 进行动态面板回归是合理的。总体和三个维度过度识别检验（Sargan test）的 P 值分别是 0.4556、0.4827、0.6872、0.6135，拒绝工具变量过度识别的原假设，即不存在工具变量的过度识别。从动态面板回归结果看，因变量滞后一期（$vau_{i,t-1}$）的回归系数不论是使用制度总体还是三个维度数据时均为正，且在 1% 的水平显著，说明全球增加值关系一旦形成则具有相对稳定性，且增加值出口企业的生产调整有赖于前一期的出口状况；ins 的系数仍然均为正，使用法制规范数据时不显著，与静态结果一致；gdppc、labor、tfp、infra、open 和 fdi 的系数及显著性与静态结果均比较一致；与静态结果有明显差异的是 fix 的系数，虽然均为负值，但不显著。

5.5.4　稳健性检验

稳健性检验方面，使用世界治理指数总体及三个维度的数据替换相应的自由度指数进行静态和动态面板回归，结果见表 5 – 11。

从表 5 – 11 来看，无论是静态还是动态回归结果，各变量系数的符号、取值范围和显著性与使用自由度指数时均基本一致，说明制度总体以及法制规范、政府规模、市场自由三个维度的制度质量均对一国在增加值贸易网络中的供给能力具有显著正向影响。不同的是在法制规范维度，ins 使用世界治理指数后静态回归结果中的系数值由 0.001 变为 0.103，动态回归结果中系数值由 0.001 变为 0.048，且由不显著分别变为 5% 和 10% 水平下显著，主要原因是世界治理指数的该维度包含的内容更多，除了自由度指数中包括的产权、政府诚信之外，还考虑初等教育、公共交通、健康服务等内容。

表5-11 制度变量使用世界治理指数的稳健性检验结果

变量	静态面板回归结果				动态面板回归结果			
	制度总体	法制规范	政府规模	市场自由	制度总体	法制规范	政府规模	市场自由
$vau_{i,t-1}$					0.543*** (11.86)	0.556*** (11.36)	0.533*** (10.19)	0.542*** (11.43)
ins	0.047** (0.95)	0.103** (2.37)	0.078** (2.32)	0.090** (2.56)	0.060** (2.32)	0.048* (1.70)	0.052*** (3.28)	0.005* (1.25)
gdppc	1.922*** (12.09)	1.861*** (11.91)	2.072*** (13.35)	1.892*** (12.43)	1.383*** (5.08)	0.132*** (4.60)	0.179*** (4.85)	0.090*** (5.45)
fix	-1.383*** (-7.17)	-1.374*** (-7.19)	-1.376*** (-7.20)	-1.471*** (-7.53)	-0.069 (-0.34)	0.026 (0.13)	-0.114 (-0.55)	-0.024 (-0.14)
labor	1.427*** (5.66)	1.457*** (5.88)	1.226*** (4.83)	1.424*** (5.79)	0.284*** (3.32)	0.253*** (3.11)	0.293*** (3.65)	0.229** (2.35)
tfp	5.499*** (8.87)	5.407*** (8.76)	5.399*** (8.74)	5.597*** (9.05)	1.346* (1.64)	1.468* (1.66)	1.408* (1.66)	2.517* (1.12)
infra	0.097*** (4.39)	0.100*** (4.56)	0.093*** (4.22)	0.097*** (4.43)	0.136*** (4.60)	0.128*** (4.25)	0.140*** (4.88)	0.125*** (4.49)
open	0.230*** (5.81)	0.232*** (5.91)	0.217*** (5.49)	0.225*** (5.74)	0.340*** (12.26)	0.347*** (11.84)	0.342*** (12.17)	0.345*** (12.89)

续表

变量	静态面板回归结果				动态面板回归结果			
	制度总体	法制规范	政府规模	市场自由	制度总体	法制规范	政府规模	市场自由
fdi	-0.010** (-2.48)	-0.010** (-2.46)	-0.007* (-1.72)	-0.011*** (-2.63)	-0.008 (-1.45)	-0.007* (-1.25)	-0.009* (-1.69)	-0.013** (-2.06)
常数项	-15.103*** (-8.35)	-15.076*** (-8.41)	-14.164*** (-7.78)	-15.024*** (-8.39)	-2.159*** (-3.39)	-1.893*** (-3.19)	-2.317*** (-3.19)	-1.988*** (-3.62)
R^2	0.840	0.841	0.841	0.842				
AR (1) P值					0.0027	0.0004	0.0001	0.0002
AR (2) P值					0.2163	0.4631	0.4476	0.4855
Sargan 检验 P值					0.4827	0.6872	0.7173	0.9460

注: 括号内是 t 值, ***、 **、 * 分别表示满足 1%、 5% 和 10% 的显著水平。

5.6 健康人力资本影响全球
价值链地位的实证分析

诺贝尔经济学奖获得者舒尔茨（Schultz，1961）指出，人口质量和知识资本在很大程度上决定了人类未来的前景，而人力资本作为影响一国在全球价值链中地位的主要因素之一也已在学术界达成共识，投资可以提高人力资本存量的数量和质量，以往的分析主要强调人力资本形成的知识方面即教育人力资本，关注一个经济体的受教育水平、在职培训等对出口品、增加值生产的促进作用。教育对人力资本的形成和提升作用直接，而健康则是基础。事实上，健康水平是人口质量的重要内容，是考察人力资本不可忽视的方面。例如，重大疾病往往令一个家庭"因病致贫""因病返贫"；慢性疾病会直接增加患者及家属的经济负担，同时也会对患者的劳动能力产生严重影响。由企业角度看，工人由于健康原因缺席或即便出勤但劳动生产率下降等都会使健康人力资本的质量下降、存量减少。加上中国的老龄化水平日益提高，因而对人力资本质量的分析需要考虑健康人力资本的作用。预防和治疗医疗服务能够提高劳动者的生产率，改进他们的生活质量。具体而言，这类服务能够让劳动者拥有更健康的身体，不仅使劳动者自身直接获益，就雇佣企业来讲，拥有健康体魄的劳动者会以更强的精神敏锐度、体力和耐力投入工作，进而创造更多价值。可见，健康投入支出状况需要在人力资本的研究中加以考量。

5.6.1 健康人力资本影响全球价值链地位的理论机制

健康在人力资本积累过程中与教育起着同样重要的作用，因而会内生地影响一国增加值的生产和出口。健康人力资本既存在全球价值链地位的促进效应，也可能产生抑制效应，具体理论机制如下。

1. 健康人力资本的全球价值链地位促进效应

人力资本因其能动性和再生性对一国全球价值链分工的层次和地位

有不可替代的提升作用。健康的身体素质是人一切活动的基础，健康人力资本会通过劳动参与率、劳动生产率和研发创新三个方面对全球价值链地位的攀升产生积极影响。

首先，健康意味着更少生病，从而劳动者在工作中因病请假以致拖累工作进度的情况更少发生，换言之，健康的人力资本保证了劳动者的工作时间，使得整个社会的劳动参与率更高，劳动生产能力全面增强。其次，健康的身体素质使人免受身体病痛的折磨，会使劳动者以更强的精神敏锐度、体力和耐力投入工作，从而能够延长工作时间，胜任更大强度的工作并提高完成工作任务的质量，进而实现单位时间内劳动生产率的提升。各行各业中，劳动参与率和生产率的提高意味着一国出口增加值生产能力的增强，即该国全球价值链地位的攀升。最后，健康是使人的创造力充分迸发和涌流的前提和基础，研发创新活动因其技术性和专业性对研发人员的创新意识和学习能力提出较高要求，而健康的身体和心理素质为研发人员开展技术创新活动提供了基本保障，可以促进研发创新的进行。研发创新能力的整体提高是一国实现从要素驱动向创新驱动转变的关键，会对全球价值链地位的提升产生积极影响。

2. 健康人力资本的全球价值链地位抑制效应

健康人力资本可能对全球价值链地位产生抑制效应：一是资源挤占效应。一方面，健康人力资本的提升必然伴随国民营养补给、疾病防治等健康投资的增加，并且由于健康自身的特性，其不仅是一种人力资本投资，有时候更是一种"消费"需求，人们为了满足健康人力资本的生产收益和健康的效用收益，就可能使得健康投资过度，从而挤占物质资本、教育资本等其他基础投资。另一方面，医疗健康水平的提高使人们的预期寿命延长，老龄人口不具备生产能力但需占用较大比例的健康投资，从而挤占物质资本等其他投资。健康投资过度倾斜导致的各项资源投资比例失衡将不利于全球价值链地位的提升。范·佐恩和穆斯肯（Van Zon & Muysken，2001）认为，西方国家经济增长放慢、价值链地位升级放缓的主要原因正是健康水平提高引致的人口老龄化以及随之而来的过度健康投资。二是劳动生产率抑制效应。一方面，健康人力资本积累、提升带来的人口老龄化会使一国的劳动生产率降低，这是由于人口老龄化势必引发劳动人口年龄结构的老化，而老龄劳动者由于身体各

115

项机能老化在体力、耐力、技能等综合素质方面均呈现衰退下降趋势。加之很多工作岗位所需技能具有年龄依赖性，老龄劳动者在该岗位上的劳动生产率必然下降。另一方面，劳动者依靠工会组织，以自身的身体健康和工作环境健康为由，要求企业增加健康投资和休息时间以提升健康人力资本，这在一定程度上也会挤占物质资本投资，对劳动生产效率产生消极影响。

综上，健康人力资本可能促进全球价值链地位的升级，也可能阻碍一国价值链地位的攀升。宏观层面，健康人力资本的全球价值链总效应到底如何？下文将运用跨国面板数据进行实证检验。

5.6.2　模型、变量与数据

1. 模型设定

为检验健康人力资本对全球价值链地位的影响，借鉴盛斌和景光正（2019）的研究，建立计量模型如式（5-3）：

$$\text{GVC}_{it} = \alpha_0 + \alpha_1 \text{lnhle}_{it} + \sum_{j=2}^{T} \alpha_j \text{control}_{it}^j + \nu_i + \upsilon_t + \varepsilon_{it} \quad (5-3)$$

其中，健康人力资本（lnhle_{it}）是本研究的核心解释变量，控制变量（control_{it}^j）包括固定资本（fix_{it}）、教育人力资本（hr_{it}）、贸易开放度（open_{it}）、研发创新水平（lnpatent_{it}）、制度质量（quality_{it}）以及老年抚养状况（old_{it}），ν_i 和 υ_t 分别表示国家和时间固定效应，ε_{it} 为随机误差项。

2. 变量说明与数据来源

（1）被解释变量。

此处与5.5.1节保持一致，根据式（3-2）计算得到的每一年的矩阵中，将每一行的所有元素相加，即为该行所代表的国家向网络中所有其他国家总出口生产提供的增加值总量，增加值供给量越大，表明一国全球价值链地位越高，否则越低。

（2）核心解释变量。

本书参照张颖熙和夏杰长（2020）的做法，采用公共卫生领域的指标——健康预期寿命作为核心解释变量健康人力资本的代理变量。与平均预期寿命（life expectancy）把人在健康与不完全健康状态下存活时间加总的做法相比，健康预期寿命（health life expectancy）综合考虑了残疾和疾病导致的不完全健康状态，把死亡率和发病率信息融合为一个有机整体，更有效地考虑了生命的质量，更全面准确地表达了健康人力资本的内涵。

（3）控制变量。

①固定资本（fix），用总固定资本形成总额与 GDP 的比值表示。②教育人力资本（hr），选用各国高等院校入学率作为教育人力资本的代理变量。③贸易开放度（open），以货物和服务进出口总额占 GDP 的比重来衡量。④研发创新水平（lnpatent），采用一国专利申请数量的对数值表示。⑤制度质量（quality），本书借鉴崔岩与于津平（2017）的做法，使用世界治理指数当中的法治水平来测度一国的制度质量。⑥老年抚养状况（old），以 64 岁及以上人口占工作人口的比重来测量。

（4）数据来源与说明。

GVC 测算数据来自 2016 年发布的世界投入产出数据库（WIOD，2016），健康预期寿命（lnhex）数据来自全球卫生数据交换（Global Health Data Exchange，GHDx）数据库，制度质量（quality）数据来自世界银行的世界治理指标数据库（WGI），其他变量数据均来自世界银行的世界发展指标数据库（WDI）。对于地区单一年份数据缺失情况，我们用邻近年份的数据或插值法补充，对变量数据完全缺失的地区予以剔除。综合以上数据的可得性，本书最终选取 WIOD 中除中国台湾地区之外的 42 个经济体 2000～2014 年的面板数据作为研究样本。

117

5.6.3 实证结果与分析

1. 基准回归

健康人力资本对全球价值链地位影响的基准回归结果如表 5 - 12 所示，同时本研究报告的所有系数均为在聚类稳健标准误下的估计结果，采用此种标准误可以进一步解决异方差和序列相关问题，以增强结论的可靠性。首先，本研究对模型（5 - 3）进行固定效应（FE）和随机效应（RE）估计，根据 Hausman 检验结果显示，在 1% 的显著性水平上拒绝随机效应的原假设，故本研究最终采用双向固定效应模型对模型（5-3）进行逐步回归来考察健康人力资本对一国全球价值链地位的影响。由列（1）~列（7）的结果可见，各变量的回归系数符号、大小和显著性基本保持一致，且各列 R^2 都在 0.8 以上，表明估计结果较稳健。因此，本书模型设定无误且变量选取合理。

表 5-12　　　健康人力资本对全球价值链地位影响的基准回归

变量	(1)	(2)	(3)	(4)	(5)	(6)	(7)
lnhle	4.0050*** (1.316)	3.9524*** (1.232)	4.2243*** (1.230)	4.1271*** (1.304)	3.6511*** (1.346)	3.2313** (1.312)	2.9478** (1.248)
fix		0.8361** (0.321)	0.9269*** (0.331)	1.0644*** (0.343)	0.9539** (0.358)	0.8058** (0.382)	0.6742* (0.393)
hr			0.3677*** (0.119)	0.3595*** (0.109)	0.3378*** (0.109)	0.3233*** (0.100)	0.3552*** (0.099)
open				0.1341 (0.100)	0.1368 (0.100)	0.1309 (0.094)	0.1371 (0.094)
lnpatent					0.0369* (0.021)	0.0416* (0.021)	0.0372* (0.021)
quality						0.1553** (0.063)	0.1665** (0.064)
old							-1.3596 (0.869)
常数项	-11.0334* (5.499)	-11.0079** (5.157)	-12.3309** (5.152)	-12.0672** (5.442)	-10.3056* (5.614)	-8.6802 (5.449)	-7.1985 (5.245)
N	630	630	630	630	630	630	630
国家效应	Yes	Yes	Yes	Yes	Yes	Yes	Yes
时间效应	Yes	Yes	Yes	Yes	Yes	Yes	Yes
R^2	0.882	0.889	0.895	0.898	0.900	0.904	0.906

注：括号内的数值为聚类稳健标准误；*** 、** 和 * 分别表示 1%、5% 和 10% 的显著性水平，下同。

表 5 - 12 中总回归列（7）的估计结果显示，核心解释变量健康人力资本的回归系数在 5% 水平上显著为正，这表明在全样本中健康人力资本的价值链促进效应超过了价值链攀升的抑制效应，总体上对全球价值链升级表现出了积极的提升作用。在控制变量中，固定资本、教育人力资本和研发创新水平均对一国全球价值链地位的攀升具有显著的正向作用。其中，教育人力资本和研发创新水平的贡献在当前背景下尤为重要。教育人力资本具有再生和能动性，它的积累有利于一国在全球生产网络中占据重要地位。而研发创新是一国摆脱价值链低端锁定、从要素驱动向创新驱动发展转变的重要力量。另外，制度质量也对全球价值链地位的提升起到了推动作用，且通过了 5% 的显著性水平检验。戴翔和郑岚（2015）研究发现，制度质量通过作用于全球价值链分工和生产各环节，对交易成本下降产生重要影响，因而成为价值链地位攀升的重要积极因素。贸易开放度对全球价值链升级的促进作用并不显著，这说明单纯贸易规模的扩大（尤其是货物贸易）很难再带来全球价值链地位的提升，而且如果一味追求贸易规模甚至有陷入低端锁定的风险。除此之外，一国人口年龄结构老化带来的老年抚养负担加重会对一国增加值生产及出口产生阻碍作用。

2. 分位数回归

在检验了健康人力资本对全球价值链地位总体影响的基础上，鉴于健康人力资本对不同水平价值链地位的影响可能存在差异，而分位数回归可以更加全面地描述价值链地位条件分布的全貌，且分位数回归对误差项并不要求很强的假设条件，因而此处运用分位数回归来检验健康人力资本对全球价值链地位影响作用的结构性特征，估计结果见表 5 - 13 第（1）~（5）列。总体来看，表 5 - 13 结果与前文估计结果基本保持一致，各控制变量的影响不再赘述。在各个分位数上，健康人力资本的估计系数是本研究关注的重点。就不同分位数群体来看，健康人力资本的回归系数均为正，除 90% 分位数上，其他分位数上都至少在 10% 水平上显著，且随着分位数的增加，健康人力资本系数呈下降趋势，即整体影响递减。这表明在价值链分工地位越高的水平上，一国健康人力资本的价值链抑制效应越显著。一国价值链分工地位越高其经济发展程度和制度质量可能也越高，该国的健康预期寿命越大，相应地健康人力资本的积累需要更多卫生支出与健康投资来维护，这样不仅挤占了更多物质资本、教育资本投资或研发投入，还对劳动生产率产生了抑制作用。例如，一些西方国家的工人依靠工会要求获得更健康的工作环境和更多休息时间，在不减少其他资源投资的情况下，这些都表现为企业成本的增加和劳动生产率的下降，从而阻碍一国全球价值链地位的攀升。

表5-13　健康人力资本对全球价值链地位影响的分位数回归结果

变量	(1)	(2)	(3)	(4)	(5)
	10%	25%	50%	75%	90%
lnhle	2.9655 * (1.776)	2.9586 ** (1.278)	2.9469 *** (1.124)	2.9374 * (1.739)	2.9320 (2.206)
控制变量	Yes	Yes	Yes	Yes	Yes
国家效应	Yes	Yes	Yes	Yes	Yes
时间效应	Yes	Yes	Yes	Yes	Yes
N	630	630	630	630	630

注：限于篇幅，未报告各控制变量的回归结果，备索。

3. 门限回归

健康人力资本的形成还有赖于对疾病防治的投资，因此健康人力资本在不同人均 GDP 水平下对我国增加值供给的影响地位预计有所差异，可能存在人均 GDP 的"门限效应"，而传统线性模型无法识别这种效应。本部分将人均 GDP 作为门限变量，通过门限效应回归验证不同人均 GDP 水平下健康人力资本对网络内增加值供给的影响。非线性门限模型形式如式（5-4）：

$$\ln vau_{it} = \alpha_0 + \theta_1 \ln hea_{it} I(\ln gdp_{it} \le \eta) + \theta_2 \ln hea_{it} I(\ln gdp_{it}$$
$$> \eta) + \gamma_1 \ln X_{it} + \varepsilon_{it} \qquad (5-4)$$

其中，gdp_{it} 为门限变量，hea_{it} 是核心解释变量健康人力资本（用的是世界卫生组织数据健康支出占 GDP 的百分比），η 是待估门限变量值，$I(\cdot)$ 是示性函数，X_{it} 是控制变量，ε_{it} 为随机误差项，其他变量数据同 5.5 节的相同变量。控制变量包括每年各国的固定资本（fix_{it}，总固定资本形成/GDP），劳动力（$labor_{it}$），教育人力资本，外国直接投资

（fdi$_{it}$，外国直接投资流入存量/GDP）。主要变量统计描述如表 5 – 14 所示。

表 5 – 14　　　　　　　　　　主要变量统计描述

变量	均值	标准误差	最小值	最大值	观测值
vau	6.0673	0.8711	3.9789	8.0817	630
hea	0.0761	0.0235	0.019	0.165	630
gdppc	4.3306	0.4226	2.9107	5.0537	630
fix	0.2343	0.0500	0.1154	0.4569	630
hu	0.4833	0.0693	0.2509	0.5722	630
labor	6.9341	0.8126	5.1952	8.8942	630
fdi	0.7324	1.9377	0.0103	18.1163	630

在对数据进行面板单位根检验后发现各变量数据均平稳，开始门限效应回归。第一步，确定门限数量。假定模型存在 1、2、3 个门限值，以 GDP 作为门限变量，对式（5 – 4）做门限效应回归，依次在单一、双重和三重门限下进行门限自抽样检验，结果如表 5 – 15 所示。从表 5 – 15 中的 F 值和 P 值判断，单一门限效应在 1% 的显著性水平下显著，双重门限效应在 10% 的显著性水平下不显著，因此不需要再做三重门限检验，该模型的最右门限个数为 1，即健康人力资本与网络内增加值供给之间存在非线性关系，单门限估计值为 3.7749，95% 的置信区间为 [3.7482，3.7756]（见图 5 – 10）。

表 5 – 15　　　　　　　　　　门限效应检验

检验	F 值	P 值	BS 次数	临界值		
				10%	5%	1%
单一门限检验	83.48	0.0000	300	40.3184	46.5435	63.4784
双重门限检验	30.11	0.2300	300	41.1136	53.7883	101.322

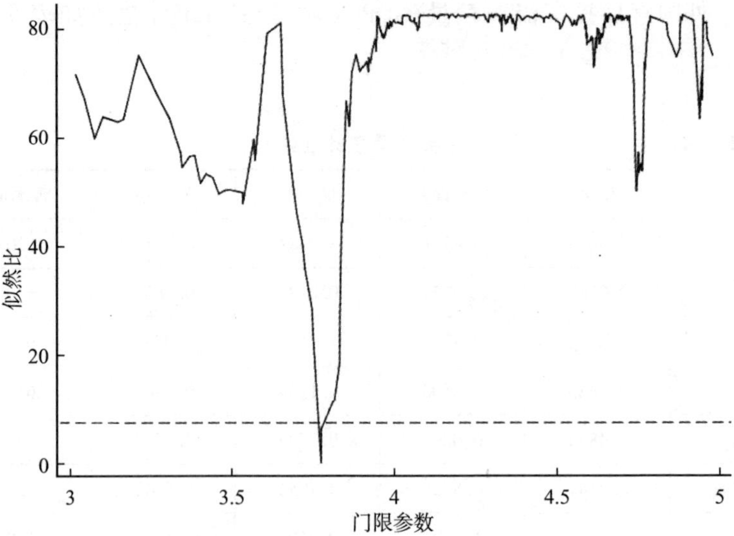

图5-10 单一门限的置信区间

　　健康人力资本对网络内增加值供给的影响呈非线性关系，回归结果见表5-16。当一国人均 GDP 低于门限值3.7749 时，健康人力资本对增加值供给有负向阻碍影响，系数 -3.13156 在5%的水平下显著；但当一国人均 GDP 高于门限值3.7749 时，健康人力资本对增加值供给起到正向促进影响，系数3.061154 在5%的水平下显著。这是由于人均 GDP 较低时，劳动力用于健康人力资本的投资非常有限，起不到增加和保障健康人力资本的作用。

表5-16　　　　　健康人力资本对一国全球价值链地位影响的
门限效应回归结果

解释变量	系数估计值	t 统计量	P 值
lnheaI （lngdp ≤ 3.7749）	-3.13156 **	-2.24	0.031
lnheaI （lngdp > 3.7749）	3.061154 **	2.38	0.022
lnfix	2.300215 ***	6.27	0.000
lnhu	6.396104 ***	3.95	0.000
lnlabor	1.603829 ***	2.75	0.009

续表

解释变量	系数估计值	t 统计量	P 值
lnfdi	0.0025636	− 0.46	0.647
_cons	− 17.9829 ***	− 4.20	0.000

注：** 、*** 分别表示在 5%、1% 水平上显著；P 值与临界值均为采用"自举法（Boot-strap）"模拟 300 次得到的结果。

4. 分组检验

考虑经济发展程度明显不同的国家，其健康人力资本、教育人力资本、制度质量等方面可能存在显著差异，本书对样本国家进行分组处理，分为 OECD 国家组和非 OECD 国家组。由于本书使用的样本数据年限为 2000～2014 年，所以将 2010 年以后加入 OECD 的国家也归为非 OECD 国家组。最终本书的 OECD 国家组包括 28 个国家，非 OECD 国家组包括 14 个国家。本书将健康人力资本的滞后 1 期和 2 期作为工具变量，采用多重工具变量两阶段最小二乘法（2SLS）对两组国家分别进行回归估计，以检验健康人力资本对价值链地位的影响作用是否存在异质性。

OECD 组与非 OECD 组的回归结果如表 5 - 17 第（1）、第（2）列所示，健康人力资本对不同分组国家的全球价值链地位的影响存在差异。健康人力资本对非 OECD 国家组全球价值链地位存在显著正向影响，对 OECD 国家组的影响为正但并不显著，且估计系数明显小于非 OECD 国家组的系数。此结果与上述分位数回归结果基本契合，均说明经济发展程度更高的国家，其健康人力资本对该国全球价值链地位的促进作用越不明显，相反像非 OECD 国家组这样发展程度略低的国家，其健康人力资本对价值链升级具有显著的积极作用。可能的原因是，OECD 国家的健康人力资本积累已达到一定程度并且带来了严重的人口老龄化问题，老年抚养负担加重对经济发展和价值链地位升级的抑制效应开始显现，在产出水平不足以支撑较高的健康预期寿命时，健康人力资本的价值链攀升效应减弱，从而在实证上表现出不显著的正向结果。而对于非 OECD 国家组来说，健康人力资本还有相当的提升空间，人口老龄化问题并不十分凸显，健康人力资本的价值链促进效应占主导地位，因此健康人力资本的回归系数显著为正，系数值也较大。

表 5 - 17　　　　分组、进一步讨论及稳健性检验的回归结果

变量	(1)	(2)	(3)	(4)	(5)	(6)	(7)
lnhle	0.6890 (1.569)	1.9910 ** (1.012)			2.4982 *** (0.654)	3.2499 ** (1.328)	2.9478 ** (1.292)
lnle			1.4094 (1.357)				
health_gap				- 0.0455 ** (0.021)			
fix	0.4653 * (0.277)	0.4439 ** (0.216)	0.6219 (0.402)	0.5904 (0.375)	0.5431 *** (0.134)	0.7222 * (0.405)	0.6742 (0.407)
hr	0.1633 ** (0.077)	0.0229 (0.119)	0.3317 *** (0.104)	0.3282 *** (0.099)	0.0764 (0.062)	0.3404 *** (0.109)	0.3552 *** (0.102)
open	0.0598 (0.046)	- 0.0158 (0.079)	0.1389 (0.099)	0.1528 (0.095)	0.0344 (0.034)	0.1790 * (0.103)	0.1371 (0.097)
lnpatent	0.0412 ** (0.020)	0.0389 *** (0.014)	0.0410 * (0.023)	0.0586 *** (0.019)	0.0447 *** (0.010)	0.0366 (0.022)	0.0372 * (0.022)
quality	0.1555 ** (0.061)	0.2618 *** (0.101)	0.1853 *** (0.062)	0.1902 *** (0.058)	0.0984 *** (0.032)	0.1351 ** (0.063)	0.1665 ** (0.066)
old	- 1.5972 *** (0.460)	- 0.3317 (1.545)	- 1.4811 (0.903)	- 1.7278 * (0.918)	- 1.1936 *** (0.395)	- 1.3105 (1.004)	- 1.3596 (0.900)
crisis							0.4916 *** (0.087)
N	351	195	630	630	504	630	630
国家效应	Yes	Yes	Yes	Yes	Yes	Yes	Yes
时间效应	Yes	Yes	Yes	Yes	Yes	Yes	Yes
R^2	0.929	0.927	0.902	0.904	0.922	0.905	0.992

124

5. 进一步讨论

（1）对平均预期寿命再检验。

前文提到健康预期寿命与平均预期寿命的区别，健康预期寿命在平均预期寿命的基础上考虑了残疾和患病对健康的不良影响，并通过在指标构建中对其折算，表达出了人群真实的健康水平。为了验证健康预期寿命作为健康人力资本代理变量更加合理，现用平均预期寿命指标（lnle）对模型（5-3）进行估计，回归结果整理在表 5-17 第（3）列。对比表 5-12 第（7）列和表 5-17 第（3）列的结果，健康预期寿命对全球价值链升级的促进作用显著，而平均预期寿命的促进作用并不显著。可见，包括带病期或不健康期的平均预期寿命的延长并不意味着劳动力健康水平一定高。健康人力资本被高估，相反其全球价值链抑制效应却加强，从而整体对价值链地位提高的作用并不明显。

（2）健康差距扩大是否会阻碍全球价值链升级。

为进一步说明在研究健康人力资本与全球价值链地位时健康预期寿命代理指标的优越性和重要性，本书借鉴张颖熙和夏杰长（2020）的做法，构建健康差距（health_gap）这一指标，即平均预期寿命减去健康预期寿命得到的差值。"健康差距"扩大则意味着人们带病生存的年限延长而处于身心健康状态的生存年限相对缩短。理论上，"健康差距"的扩大会使健康人力资本的全球价值链促进效应弱化，而使健康人力资本的全球价值链抑制效应凸显，从而对全球价值链地位的攀升产生不利影响。现利用上述样本数据，将"健康差距"指标数据代入模型（5-3）进行回归，估计结果如表 5-17 第（4）列所示，健康差距（health_gap）的回归系数在 5% 水平上显著为负，验证了上述理论分析。这也从另一个角度说明，关注一国真实的健康水平状况，提高健康预期寿命，积累健康人力资本，缩小"健康差距"，有助于促进全球价值链升级。

6. 稳健性检验

（1）健康人力资本内生性问题处理。

全球价值链地位的提升能提高一国的获利能力，使一国经济获得高质量发展。由此，一方面个体收入提高会更加注重健康人力资本的积累而增加健康投资，从而使得健康预期寿命增加；另一方面政府在医疗卫生等公共服务上的投资支出增加，也会促进一国健康人力资本的提高。因此本书的核心解释变量健康人力资本可能存在反向因果的内生性问题。

为处理潜在内生性问题，本书首先选取健康人力资本的滞后 2 期和 3 期作为工具变量，运用多重工具变量两阶段最小二乘法（2SLS）进行估计，结果见表 5 - 17 第（5）列。由估计结果可知，工具变量通过了识别不足、弱工具变量和过度识别检验，证明了工具变量的有效性。在有效控制内生性后，2SLS 方法估计的健康人力资本的回归系数仍在 1% 水平下显著为正，验证了基准回归结果的基本可靠性；但其估计系数相较于固定效应模型下的系数出现了小幅下降，说明内生性问题使普通最小二乘（OLS）估计高估了健康人力资本对价值链地位的提升作用，因此，本书采用 2SLS 进行估计是有必要的。

（2）缩尾检验。

本书还尝试对数据进行缩尾处理以进行稳健性检验。缩尾检验是为了剔除异常值可能对回归估计结果产生的影响，具体采用 1% 和 99% 分位数对数据进行缩尾处理，然后再采用双向固定效应模型（FE）进行回归（固定效应能够消除遗漏变量问题）。检验结果如表 5 - 17 第（6）列所示，健康人力资本的回归系数仍显著为正，与前文结果一致，再次证明了结果的稳健性。

（3）"2008 年国际金融危机"的外生冲击检验。

为刻画重大历史事件——2008 年全球性金融危机冲击是否改变了健康人力资本对全球价值链地位攀升的影响，本书在基准回归模型（5 - 3）的基础上加入 "2008 年全球性金融危机" 虚拟变量来进行检验。表 5 - 17 第（7）列对应的估计结果显示，在考虑了 2008 年金融危机可能产生的冲击效应下，健康人力资本对全球价值链地位的影响变化不大，与上述结果基本一致。

5.6.4 主要结论

本小节利用 2000 ～ 2014 年跨国面板数据实证检验了健康人力资本对全球价值链地位的影响，依次进行了基准回归、分位数回归、门限回

归和分组回归,并对健康人力资本代理变量的选择做了进一步讨论。主要结论包括:

第一,总体来看,健康人力资本对全球价值链地位的促进作用大于抑制作用,总的净效应为正。固定资本、教育人力资本、研发创新水平和制度质量均有利于提高一国全球价值链地位;而贸易开放度对一国全球价值链地位的影响有限;老年抚养状况则阻碍一国全球价值链地位的提高。

第二,通过对不同分位数群体样本国家的检验,发现健康人力资本对全球价值链地位的作用呈现明显的"递减效应"。随着分位数的增加,健康人力资本的估计系数递减,且对 90% 分位数群体国家的影响在 10% 水平下已不显著。

第三,健康人力资本对网络内增加值供给的影响呈非线性关系。当一国人均 GDP 低于门限值时,健康人力资本对增加值供给有负向阻碍影响;但当一国人均 GDP 高于门限值时,健康人力资本对增加值供给有正向促进影响。

第四,对 OECD 国家与非 OECD 国家分组检验的结果表明,健康人力资本对非 OECD 国家全球价值链地位的影响较大,而对 OECD 国家的作用有限;前者健康人力资本的估计系数较大且显著,后者的估计系数较小且不显著。

第五,通过构建"健康差距"指标并进行实证检验发现,"健康差距"扩大会使健康人力资本的全球价值链促进效应弱化而抑制效应凸显,从而对一国全球价值链地位的攀升产生不利影响。

5.7　RCEP 对中国出口贸易增加值的影响

2008 年金融危机以来,"逆全球化"趋势渐强,中美贸易摩擦叠加新冠肺炎疫情更使全球价值链发展受阻、区域价值链面临重构。而区域一体化协定的数量递增及深度发展,是区域价值链重塑的主要动力之一。包含最多亚洲经济体的《区域全面经济伙伴关系协定》(RCEP)历经 8 年谈判正式签署,并于 2022 年 1 月 1 日正式生效。未来,随着 RCEP 协议内容实施的逐步推进,域内增加值贸易关系也会发生改变。

本小节通过引入全球贸易分析模型（GTAP 模型），经由数据转换构建起 GTAP 模型和 KWW 贸易分解模型的链接，从而模拟 RCEP 生效的不同情况下，中国对各区域的出口贸易分解，探究 RCEP 对中国出口贸易增加值的影响。

5.7.1 模型设定与数据更新

1. 模型设定

GTAP 模型常用于对贸易政策效应的预测，本书所用的是 GTAP10 数据库，其包括 141 个国家和地区、65 个产业部门以及 8 种生产要素的相关数据。在区域设定上，考虑主要研究 RCEP 成员国之间贸易和成员国与非成员国之间贸易，本书将世界各国划分为 RCEP 成员国中国、日本、韩国、澳大利亚、新西兰和东盟①，以及非成员国欧盟、美国和世界其他国家（地区）9 个区域（见表 5 - 18）。

表 5 - 18 　　　　　　　　　　GTAP 模型区域划分

编号	名称	所含区域
1	中国	中国大陆
2	日本	日本
3	韩国	韩国
4	澳大利亚	澳大利亚
5	新西兰	新西兰
6	东盟	东盟九国（新加坡、越南、马来西亚、文莱、印度尼西亚、菲律宾、泰国、老挝、柬埔寨）
7	美国	美国

---

① GTAP 数据库中缅甸的数据缺失，但该国国际贸易量相对较小，以东盟九国代替东盟。

续表

编号	名称	所含区域
8	欧盟	欧盟 27 国
9	世界其他国家（地区）	除上述国家外，世界其他的国家或地区

资料来源：作者整理。

在产业设定上，本小节侧重区域整体分析，不涉及产业层面，因此维持 GTAP 模型默认的产业划分（见表 5 - 19）。

表 5 - 19　　　　　　　　　GTAP 模型产业划分

序号	分类	所含产业部门
1	种植业	水稻、水果、坚果、油料作物等
2	畜牧业	牲畜、动物制品、丝制品等
3	采矿业	煤、天然气、矿产及相关产品等
4	食品加工业	糖、动植物油脂等
5	服装纺织业	纺织品、服装等
6	轻工业	皮革制品、制造业其他产品等
7	重工业	橡胶、黑色（铁类）金属、机械设备等
8	公共事业与建筑业	电力、燃气、建筑等
9	通讯运输业	贸易、海运、通信等
10	其他服务业	金融、保险、商业服务、医疗服务等

资料来源：作者整理。

2. 数据更新

本书所用的 GTAP10 数据库各项数据基于 2014 年世界各地的实际情况，为了使模型预测的结果更准确，本书借鉴沃姆斯利（Walmsley，2013）的动态递归方法，基于法国国际经济研究中心（CEPII）的全球预测数据，将 GDP、人口、资本存量、熟练劳动力和非熟练劳动力等宏观经济变量更新至 2021 年，相关变量的增长率如表 5 - 20 所示。

129

表 5 - 20　　　　　2014~2021 年各区域宏观经济变量增长率　　　单位：%

区域	GDP	人口	资本存量	熟练劳动力	非熟练劳动力
中国	57.38	2.95	65.58	1.75	0.30
日本	15.30	-1.44	11.94	0.97	0.38
韩国	14.67	3.00	35.20	3.94	4.08
澳大利亚	-1.17	11.62	21.38	3.49	4.36
新西兰	14.98	14.86	19.22	-11.55	11.04
东盟	40.38	8.08	35.86	20.18	26.38
美国	32.25	4.46	14.90	-12.60	0.27
欧盟	6.90	1.00	13.00	8.75	0.19
世界其他国家（地区）	6.70	11.21	26.79	-0.68	6.79

资料来源：作者计算而得。

3. 模拟方案

RCEP 是一个拥有 15 个成员国家的高水平自贸协定，其最终目的是实现区域内的自由贸易，取消成员国间的各种关税及非关税壁垒。目前 RCEP 已逐步进入实施阶段，本部分拟模拟理想情况下 RCEP 的实施会给中国对主要贸易伙伴国家增加值贸易带来怎样的影响。本书运用 Run GTAP 软件对关税壁垒（tms）和非关税壁垒（ams）进行冲击，使 RCEP 成员国之间的关税降为零、非关税壁垒削减 5%，代表 RCEP 实现区域内贸易自由化的理想情景。

5.7.2　模拟结果分析

1. 构建 GTAP - KWW 模型链接

GTAP 数据库与 KWW 模型所需数据在形式上存在一定的差异，参考彼得斯（Peters, 2011）转换数据形式的方法，将 GTAP 情景模拟所得数据和基准情景数据（即 RCEP 生效前，未发生上述理想情景变化时）分别整理成世界投入产出表形式，使其适用于 KWW 模型，再利用式（5-5）进行分解，通过作差得出模拟情景相对基准情景的中国出口贸易增加值的变化。

$$
E^{sr} = \overbrace{(V^s B^{ss})'\#Y^{sr}}^{1\_DVA\_FIN} + \overbrace{(V^s L^{ss})'\#(A^{sr} B^{rr} Y^{rr})}^{2\_DVA\_INT}
$$

$$
+ \underbrace{(V^s L^{ss})'\#\Big[A^{sr}\sum_{t\neq s,r}^{G}B^{rt}Y^{tt} + A^{sr}B^{rr}\sum_{t\neq s,r}^{G}Y^{rt} + A^{sr}\sum_{t\neq s,r}^{G}B^{rt}\sum_{u\neq s,t}^{G}Y^{tu}\Big]}_{3\_DVA\_INTrex}
$$

$$
+ \underbrace{(V^s L^{ss})'\#\Big[A^{sr}B^{rr}Y^{rs} + A^{sr}\sum_{t\neq s,r}^{G}B^{rt}Y^{ts} + A^{sr}B^{rs}Y^{ss}\Big]}_{4\_RDV}
$$

$$
+ \underbrace{\Big[(V^r B^{rs})'\#Y^{sr} + \Big(\sum_{t\neq s,r}^{G}V^t B^{ts}\Big)'\#Y^{sr}\Big]}_{5\_FVA\_lmp}
$$

$$
+ \underbrace{\Big[(V^r B^{rs})'\#(A^{sr}L^{rr}Y^{rr}) + \Big(\sum_{t\neq s,r}^{G}V^t B^{ts}\Big)'\#(A^{sr}L^{rr}Y^{rr})\Big]}_{6\_FVA\_Oth}
$$

$$
+ \underbrace{(V^s L^{ss})'\#\Big[A^{sr}B^{rs}\sum_{t\neq s}^{G}Y^{st} + (V^s L^{ss}\sum_{t\neq s}^{G}A^{st}B^{ts})'\#(A^{sr}X^r)\Big]}_{7\_DDC}
$$

$$
+ \underbrace{\Big[(V^r B^{rs})'\#(A^{sr}L^{rr}E^{r*}) + \Big(\sum_{t\neq s,r}^{G}V^t B^{ts}\Big)'\#(A^{sr}L^{rr}E^{r*})\Big]}_{8\_FDC} \quad (5-5)
$$

2. 增加值贸易效应分析

对 GTAP 情景模拟所得数据和基准情景数据求差，结果如表5-21所示。

由表5-21的结果可以看出，RCEP 生效后，中国对域内国家的出口贸易增加值显著增加，而对域外的欧盟、美国和世界其他国家（地区）的出口贸易增加值明显减少。中国对域内所有国家最终产品和中间产品出口的国内增加值的增长均高于出口贸易增加值分解的其他部分；中国对域内所有国家中间产品出口国内增加值的增长均大于最终产品出口国内增加值的增长；对日本最终产品以及中间产品出口的国内增加值增长最多，其次为东盟、韩国、澳大利亚和新西兰。因而，总体上，RCEP 有利于中国在域内价值链地位的提高，中国应积极利用 RCEP 区域合作的深化，在亚太价值链重构中发挥重要作用的同时，提高自身在全球及区域价值链网络中的地位和收益。

表 5-21　　　RCEP 生效对中国出口贸易增加值的潜在影响（相对基准情景）

单位：百万美元

区域	DVA_FIN	DVA_INT	DVA_INTrex	RDV	FVA_Imp	FVA_Oth	DDC	FDC
日本	16781.6	29055.9	1899.0	3097.7	3135.5	5701.2	715.9	1058.2
韩国	9361.2	20023.4	6324.4	6901.9	1673.8	3688.9	1011.8	2595.7
澳大利亚	4212.4	5169.9	966.7	708.5	787.5	992.0	147.6	336.4
新西兰	468.6	445.4	100.1	58.8	97.3	96.4	15.1	34.9
东盟	15972.5	26037.8	14330.8	6102.0	3089.8	5276.9	1191.7	4131.2
欧盟	-4658.5	-10920.1	-2303.0	-637.9	-38.1	-0.1	227.9	-34.5
美国	-11989.4	-15693.0	-543.1	-148.0	279.8	543.4	415.2	14.3
世界其他国家（地区）	-12486.2	-18337.7	-3838.4	-1720.4	174.4	580.9	453.1	0.8
出口合计	17662.2	35781.6	16936.5	14362.6	9200.0	16879.6	4178.3	8137.0

注：DVA_FIN 为进口国吸收最终产品部分，DVA_INT 为进口国吸收中间产品部分，DVA_INTrex 为进口国进口中间品加工后出口到第三国部分，RDV 为进口国进口本国的部分，FVA_Imp 为出口国蕴含的直接进口国部分，FVA_Oth 为出口国蕴含的第三国部分，DDC 为本国重复计算部分，FDC 为外国重复计算部分。

资料来源：作者计算而得。

5.8　数字经济对中国全球价值链地位的影响

　　经济和社会日益数字化正在改变人们的行为和互动方式。近年来尤其是疫情后，数字经济逐步成为引领全球经济发展的中坚力量，能否抓住数字经济发展的机遇成为影响未来国际竞争的关键。各国纷纷从数字获取、使用、创新、安全、市场开放等方面出台相关政策法规，以促进数字经济的健康发展。2021 年 12 月 12 日，国务院印发了《"十四五"数字经济发展规划》，规划中指出，2020 年，我国数字经济核心产业增加值占 GDP 比重达到 7.8%，数字经济为经济社会持续健康发展提供了强大动力。同时，规划也明确，将继续坚持推进数字产业化和产业数字化，赋能传统产业转型升级，为构建数字中国提供有力支撑，并提出到 2025 年数字经济核心产业增加值占 GDP 比重达到 10% 的重要发展目标。鉴于数字经济的重要性，本节重点关注数字经济对中国全球价值链地位的影响。

5.8.1　数字经济影响中国全球价值链地位的理论机制

　　数字经济可主要通过以下机制影响中国全球价值链地位：

　　第一，生产要素优化效应。数字经济下，数据资源已成为区别于资本、劳动力、土地、创新的一种关键生产要素，既发挥自身作为生产要素的作用，也通过高度渗透于研发、设计、生产、管理等各个环节优化现有要素，从而降低生产成本、优化人力资本结构、提升技术复杂度和生产效率，最终提高中国参与全球价值链的程度。

　　第二，交易成本降低效应。数字经济可以大幅降低商品与需求方的匹配成本、信息商品的运输成本等。具体而言，消费者在查找信息时所支付的费用、时间和风险等搜寻成本降低，从而产生长尾效应和巨星效应；信息化商品不再依赖纸质传输，使得传输时间和运输成本大为节约。交易环节成本的下降，也可提高中国全球价值链的地位。

　　第三，新的经济范式和商业模式创造效应。数字经济发展下，价值获取方式、价值传递方式及价值创造方式等随之改变，封闭系统获得开放，持续诞生新的经济范式和商业模式。如互联网融资、平台经济等，为企业参与国内及全球价值链提供了更多选择和机会，可助力中国企业实现价值链参与的从无到有和从有到优。

5.8.2 数字经济的内涵及测度

数字经济的测度以对其内涵的界定为基础，学术界、政府和国际机构对数字经济的理解从宽泛到具体，从仅观察信息产业或互联网经济规模等某一内容发展到综合考虑数字基础设施、数字产业、数字治理、数字融合创新、数字环境等各方面。在测度方法方面，现有尝试可以归纳为直接法和间接法。直接法在界定范围之后，统计或估算出一定区域内数字经济的规模，包括国民经济核算（续继和唐琦，2019；关会娟等，2020）、投入产出（陈亮和孔晴，2021）、增加值测算（Barefoot et al.，2018；Australian Bureau of Statistics，2019；中国信息通信研究院，2019；朱发仓等，2021）、卫星账户构建（Australian Bureau of Statistics，2006；OECD，2017；杨仲山和张美慧，2019；向书坚和吴文君，2019）等；间接法通过构建指标体系对一定区域的数字经济发展水平进行定量评估（王喆等，2021；王军等，2021；万晓榆和罗焱卿，2022；盛斌和刘宇英，2022；巫景飞和汪晓月，2022）。考虑目前学术界、政府和国际机构对数字经济的界定仍存在分歧和数据的可得性，本小节拟采用指标体系方法间接测度中国数字经济的发展水平。

1. 指标体系构建

参考陆建栖和任文龙（2022）、安强身和刘俊杰（2022），以及中国信通院发布的《中国数字经济发展白皮书（2020 年）》，本节数字经济发展测度指标体系共包含数字基础设施、数字产业化、数字化环境三个一级指标（产业数字化方面的代理变量如数字普惠金融指数、电子商务销售额等的统计数据在本研究的时间范围内非常有限，因而不予考虑），如表 5－22 所示，各指标数据均来源于对应年份的《中国统计年鉴》，个别缺失值采用平均值法补齐。

表 5－22 数字经济发展测度指标体系

一级指标	二级指标	单位	指标属性
数字基础设施	互联网普及率	％	正向
	长途光缆线路长度	公里	正向
	移动电话交换机容量	万户	正向
	局用交换机容量	万门	正向
	互联网宽带接入用户	万户	正向
数字产业化	移动电话普及率	部/百人	正向
	技术市场成交额	亿元	正向
	邮电业务总量	亿元	正向
	移动电话年末用户	万户	正向
	固定电话年末用户	万户	正向
数字化环境	有效发明专利数	件	正向
	普通高等学校毕业生数	万人	正向
	规模以上工业企业研发（R&D）经费	亿元	正向

资料来源：作者整理而得。

2. 数据预处理

由于各指标之间存在量纲的差异，为消除不同量纲的影响，先通过极值法对原始数据进行标准化处理。由于所有指标的属性均为正向，同时标准化处理之后的数据不能为 0，因此，对原始数据的标准化处理采用式（5－6）：

$$v'_{ij} = \frac{v_{ij} - \min\limits_{i}\{v_{ij}\}}{\max\limits_{i}\{v_{ij}\} - \min\limits_{i}\{v_{ij}\}} + 0.0001 \quad (i = 1, 2, \cdots, n; \ j = 1, 2, \cdots, m)$$

$$(5-6)$$

式（5－6）中 n 是年份，m 是指标的个数。

3. 熵值法测算中国 2000～2014 年数字经济发展水平

（1）计算第 i 年第 j 个指标值比值。

$$r_{ij} = \frac{v_{ij}}{\sum\limits_{i=1}^{n} v_{ij}} \qquad (5-7)$$

（2）计算第 j 个评价指标的熵值。

$$e_j = -\frac{1}{\ln n} \sum_{i=1}^{n} r_{ij} \ln(r_{ij}) \qquad (5-8)$$

式（5-7）中，$0 \ll e_j \ll 1$。

（3）计算评价指标 v_j 的差异性系数。

$$d_j = 1 - e_j \qquad (5-9)$$

（4）计算第 j 个评价指标的权重。

$$w_j = \frac{d_j}{\sum\limits_{j=1}^{m} d_j} \qquad (5-10)$$

（5）计算各年份的综合评价值。

$$s_j = \sum_{j=1}^{m} w_j \times v'_{ij} \qquad (5-11)$$

各年份中国数字经济发展水平的综合评价值如表 5-23 所示，可以看出，样本期内，我国数字经济获得了较快发展，数字经济发展水平综合评价值从 2000 年的 0.03 明显增加至 2014 年的 0.94，特别是 2008 年全球金融危机之后较危机前有显著增长。

表 5-23　　　　　　　　2000~2014 年中国数字经济发展水平

年份	得分	年份	得分
2000	0.03	2008	0.45
2001	0.06	2009	0.52
2002	0.10	2010	0.60
2003	0.12	2011	0.66
2004	0.18	2012	0.77
2005	0.23	2013	0.85
2006	0.29	2014	0.94
2007	0.37		

资料来源：作者计算而得。

5.8.3　数字经济对中国全球价值链地位影响的实证分析

本小节的分析以时间序列数据为基础，被解释变量（用 gvc 表示）为 2000~2014 年中国向全球增加值贸易网络中所有其他国家总出口生产提供的增加值总量，通过熵值法测算的中国 2000~2014 年数字经济发展水平综合得分作为解释变量（用 de 表示）。使用 Eviews 10.0 软件对两个变量进行相关性分析，皮尔森（Pearson）相关系数的值为 0.991，初步判断中国全球价值链地位与其数字经济发展水平存在较高的相关关系。

1. 平稳性检验

为避免时间序列数据非平稳可能出现的伪回归现象，需要首先对数据进行平稳性检验。对 gvc 数据取对数得到 lngvc、对 de 数据 +1 取对数得到 lnde 之后，进行单位根检验即 ADF 检验（augmented Dickey – Fuller test），滞后阶数根据 AIC 信息准则（Akaike information criterion）即最小化信息量准则和显著性确定。结果如表 5 – 24 所示，我们可知在 1% 的置信水平下，原始序列不平稳，而一阶差分序列都平稳，序列均为一阶单整，即 I（1），符合协整检验的前提条件。

表 5 – 24　　平稳性检验

变量	检验形式 (c, t, p)	ADF 检验统计量	临界值			相伴概率	结论
			1%	5%	10%		
Lngvc	(1, 1, 3)	– 3.952718	– 4.800080	– 3.791172	– 3.342253	0.0387	1% 不平稳
D（lngvc, 1）	(1, 0, 1)	– 5.226845	– 4.121990	– 3.144920	– 2.713751	0.0018	平稳
Lnde	(1, 1, 3)	– 2.627944	– 5.124875	– 3.933364	– 3.420030	0.2780	不平稳
D（lnde, 1）	(1, 0, 1)	– 5.226845	– 4.121990	– 3.144920	– 2.713751	0.0018	平稳

资料来源：作者计算而得。

2. 协整检验

为避免时间序列数据出现伪回归，还需要进行协整检验，约翰森（Johansen）协整检验结果如表 5 – 25 所示，迹检验和最大特征值检验的结果均表明，在5%的显著性水平下，lngvc和lnde两个变量间存在一个协整关系。对变量lngvc和lnde建立向量自回归模型为VAR（2），因而Johansen协整检验的滞后阶数为滞后1阶，选择的形式为用序列没有确定性趋势且有截距的方程进行估计，长期协整关系方程为式（5－12）。即中国向全球增加值贸易网络中所有其他国家总出口生产提供的增加值总量与数字经济发展之间存在长期变动趋势，当数字经济发展水平增加1%时，中国向全球增加值贸易网络中所有其他国家总出口生产提供的增加值总量增加0.623%。

$$\text{lngvc} = 4.39 + 0.623\text{lnde} \tag{5-12}$$

表5－25　　　　　　　　　Johansen协整检验结果

协整方程个数	特征值	迹统计量	5%临界值	最大特征值统计量	5%临界值
无	0.714151	16.71451	15.49471	16.27978	14.26460
至多一个	0.032888	0.434738	3.841466	0.434738	3.841466

资料来源：作者计算而得。

3. 向量误差修正模型

式（5－12）解释的是长期内中国向全球增加值贸易网络中所有其他国家总出口生产提供的增加值总量与数字经济发展之间的同向变动趋势，为了解释短期内对这种长期均衡的偏离，需要建立误差修正模型。根据估计结果，向量误差修正模型为式（5－13），误差修正项（ecm）为式（5－14）：

$$D(\text{lngvc}) = -0.991[\text{lngvc}(-1) - 0.623\text{lnde}(-1) - 4.39]$$
$$+ 0.0003D[\text{lngvc}(-1)] + 1.624D[\text{lnde}(-1)] - 0.0002 \tag{5-13}$$

$$\text{ecm} = \text{lngvc}(-1) - 0.623\text{lnde}(-1) - 4.39 \tag{5-14}$$

模型拟合优度0.72，各系数通过1%的显著性检验，误差修正项系数为－0.991，说明当中国向全球增加值贸易网络中所有其他国家总出口生产提供的增加值总量的短期波动偏离长期均衡时，将以－0.991的调整力度由非均衡调整为均衡状态。

第6章 价值链网络合作的演化博弈仿真

6.1 价值链网络博弈分析的必要性

21世纪初最重要的事件之一是从全球化和贸易一体化向民族主义和保护主义的过渡（Prelipcean et al.，2019）。国际金融危机后，逆全球化思潮日渐高涨，贸易保护政策对价值链整体的合作水平会产生怎样的影响成为世界经济的重要问题之一，但仍缺乏相关的系统性研究。近几年，若干学者从定量和定性两个方面解读了贸易保护主义对世界经济的影响。定量方面，亚尔钦等（Yalcin et al.，2017）、布埃和拉博德（Bouët & Laborde，2018）分别基于 WIOD 和 GTAP 数据库的国家间投入产出数据，在静态的多国多部门一般均衡模型中测算了美国的贸易保护主义对世界经济的影响，结果均显示美国的保护主义贸易政策既不会使其自身受益，也不会给世界其他地区带来任何好处，寻求美国与其主要贸易伙伴如中国、德国和北美自由贸易协定伙伴之间的新型合作，是一个更为可行的战略。达曼（Darman，2019）使用 2011~2019 年数据和线性回归分析方法，定量测度了中美贸易摩擦对全球经济及对中国、美国和印度尼西亚经济的影响，结果显示均为负面影响。埃文斯（Evans，2019）利用无谓损失和哈伯格三角关系分析方法的研究表明，贸易摩擦对美国和中国甚至整个世界经济造成破坏。诺兰（Noland，2020）、波森（Posen，2018）、亚历山大（Alexander，2018）、帕克（Park，2018）、奥卡（Oka，2018）等的定性分析也得到了相同的结论，贸易保护政策会破坏全球供应链从而影响全球经济。但是，以上文献忽视了不同情境下核心国家策略选择对全球价值链合作水平的影响的相关研究。

近几年，部分学者进行的增加值贸易研究应用了传统的复杂网络分析方法研究国家间贸易关系，但遗憾的是，在这些成果中，个体策略更新机制和网络组织结构调整等变化对各个国家贸易策略的影响方面没有进一步分析。关于国家间基于增加值贸易联系的博弈分析，有学者通过双边国家的静态或动态博弈模型进行研究。邝艳湘（2010）基于中美两国间的增加值贸易关系构建多阶段动态博弈模型，对中美经济相互依赖影响中美贸易摩擦的内在机理进行了分析。该研究涉及了两国间的博弈，而要考察 GVC 网络中涉及的多个国家，则必然需要借助网络博弈方法，此类相关的研究还较少。赵昌平等（2018）基于联合国贸发会议数据库构建南海利益相关体国家及南海航线国家间的总值贸易网络并进行了仿真分析，发现猎鹿博弈比囚徒困境博弈和雪崩博弈更容易在合作策略上稳定下来，但其研究重点是基于总值数据和区域国家贸易关系，而对增加值数据和世界各重要国家贸易关系的分析并未涉及。

全球价值链的深化和迅速发展得益于关税降低及技术进步，因而某种意义上，各国开放合作的对外经济政策是全球价值链有效运行和实现各国多赢的必要条件之一。因此，厘清不同情境下核心国家的策略选择对全球价值链合作水平的影响，是理解全球价值链合作未来演变的基础，学术界对此已进行了有益的探讨（Yalcin et al.，2017；Bouët & Laborde，2018）。第 3 章通过构建国家（地区）为节点、双边增加值关系为边的复杂网络并测算网络的各种拓扑特征，清晰地展现了各国（地区）间基于增加值联系而形成的经济系统的演变、特征及规律。而这种演变背后，是各节点国家（地区）不断改变策略选择的持续博弈。对于目标和偏好存在潜在冲突并相互作用的全球价值链的参与各国（地区），博弈论提供了具有解释力的分析工具。复杂网络上的博弈假定个体位于网络的节点上、网络的边表示个体之间的相互作用，个体通过相互作用获得博弈收益，并观察博弈对手的策略及收益。基于以上信息，个体通过特定的学习规则调整自己的博弈策略，从而导致合作和背叛行为的动态演化，不断改变着网络的整体合作水平。博弈模型可以描述存在竞争与合作的个体间微观动力学演化机制，经典博弈理论为博弈行为的分析提供了基本的概念和范式，而演化博弈理论则在这些基础上进行了改变和延伸：其一，博弈参与者的有限理性，意味着博弈参与者往往无法一下找到最优策略，而是在博弈过程中不断学习和调整；其二，均衡的含义，演化博弈的核心概念是演化稳定策略，在演化博弈框架下，动力学演化的最终结果是群体中合作者和背叛者以一定比例混合；其三，博弈参与个体相互作用的方式是随机从群体中抽取。从而，演化博弈分析的核心内容是有限理性博弈参与者的学习及策略调整过程、趋势和稳定性[1]，它适用于研究特定群体内成员间的反复博弈，复杂网络上的博弈即属于这种类型。

复杂网络上的博弈很难进行解析分析，通常由计算机模拟仿真完成。基于现实数据的仿真分析，目前仍以某一区域的总值贸易网络为研究对象（赵昌平等，2018），考虑当今全球增加值贸易联系十分广泛的现实，本部分主要研究核心节点国家策略选择在囚徒、猎鹿和雪崩困境下，对网络整体合作水平的影响是怎样的。相关研究结论有助于从系统的角度深入理解国家（地区）间增加值贸易关系的演变，并为推进全球增加值贸易的广泛合作及多国（地区）共赢提供理论支撑。

综上，现有文献基于增加值数据，从静态一般均衡视角分析了核心国家贸易保护对世界经济的影响，但无法系统模拟不同情境下核心国家策略对全球价值链合作水平的影响；而从复杂网络视角开展的贸易关系研究为构建国家间价值链网络及其拓扑特征测度提供了可靠的方法，网络博弈的分析思路也具有重要的参考价值，但基于真实数据开展的贸易网络博弈仿真对象仍限于某一区域且为总值贸易分析，对全球范围内价值链网络的研究尚缺乏网络博弈视角的观察。而在以价值链关系为主要特征的当今国际分工背景下，厘清不同情境中核心国家策略选择对全球价值链合作水平影响的差异，是理解全球价值链合作未来演变的基础。

6.2 网络博弈分析方法

复杂网络上的博弈是复杂网络上的动力学行为之一，它可以很好地刻画现实世界中位于某种网络节点上的个体间互相作用相对更为频繁的关系。作为演化博弈论的一部分，网络博弈也是以有限理性为前提的，

---

[1] 这里的稳定性是指博弈参与者采用特定策略的比例不变。

即博弈参与者无法一开始便找到最优策略，而是在博弈过程中不断试错和学习；网络博弈的均衡是多次调整的结果，因而分析的核心不再是博弈者的最优策略选择，而是博弈参与者采用特定策略之比例不变的实现过程。网络博弈的分析框架和思路为：在一定的社会困境和网络结构下，每个节点以不同方式获得自身初始博弈策略（合作或背叛），在接下来的博弈过程中，根据某种策略调整模式不断改变博弈策略，当整个网络中合作者比例不再改变时，观察网络的合作水平及其影响因素。复杂网络博弈仿真的具体思路为：第一步，明确网络节点个体的博弈情境；第二步，明确网络的类型；第三步，明确博弈参与个体初始状态的博弈策略，在博弈过程中依照费米（Femi）过程①的动力学规则调整或改变自身博弈策略，最终观察整个群体达到一种动态均衡的合作状态时，合作者比例是否提高（谢逢洁，2016；郭世泽和陆哲明，2012）。

6.2.1 网络节点之间的博弈情境

明确网络节点之间的博弈情境是网络博弈分析的第一步，在复杂网络博弈研究中广泛应用的三种社会困境模型分别是囚徒困境（prisoner's dilemma，PD）、猎鹿困境（stag hunt，SH）和雪崩困境（snowdrift game，SG）。三种困境可以通过不同策略组合下的博弈收益关系来表达。假设网络中任意两个节点间博弈时，每个节点可选择的策略为合作（C）或背叛（D），从而产生四种策略组合（C，C）、（C，D）、（D，C）和（D，D），节点个体对应的收益分别为 R、S（合作者的收益）、T（背叛者的收益）和 P，则三种困境下的收益关系如表 6 – 1 所示。

表 6 – 1　　　　　　　　　　博弈情境及其参数关系

博弈情境	简称	收益参数关系
囚徒困境	PD	$T > R > P > S$
猎鹿困境	SH	$R > T > P > S$
雪崩困境	SG	$T > R > S > P$

---

① Femi 过程允许个体进行非理性选择，即收益较低个体的策略仍有一个小的概率被比其收益高的个体所采用。

6.2.2 复杂网络的类型

在一定的社会困境下，博弈参与者需要在网络结构所定义的关系下进行博弈。每一种网络系统都有其特殊的生成和演化机制，目前研究中较成型的网络模型包括规则网络、随机网络、小世界网络和无标度网络。规则网络中各节点之间的联系具有既定的规则，节点间按纯粹随机方式连线得到的网络即随机网络，小世界网络的突出特征是集聚系数高且平均距离短，无标度网络节点的度没有明显的特征长度。对现实网络类型的判断一般依据网络的度分布，随机网络和小世界网络的度分布均为近似的泊松分布，而无标度网络的度分布是幂律形式。

6.2.3 网络博弈节点的策略调整模式

网络博弈过程中，各节点需要根据某种策略调整模式不断改变博弈策略直到动态均衡状态，现有研究使用的策略调整模式有模仿最优、复制动力学、Femi 过程和莫兰（Moran）过程等。本书采用 Femi 过程，因为它考虑博弈个体在某些时刻的非理性选择，动力学机制为：每个网络节点和自己的所有邻居节点博弈获得博弈收益，当节点 v_i 需要更新博弈策略时，随机选择一个自身邻居 v_j 进行收益比较，如果节点 v_i 的收益大于它随机选择的节点 v_j 的收益，则节点 v_i 保持自身策略不变；如果节点 v_i 的收益小于它随机选择的节点 v_j 的收益，节点 v_i 在下次博弈中采取节点 v_j 策略的概率如式（6-1）：

$$P_{(i \leftarrow j)} = \frac{1}{1 + e^{[(U_i - U_j)/k]}} \qquad (6-1)$$

U_i 和 U_j 分别表示节点 v_i 和 v_j 在某次博弈中获得的收益，$k(k \geqslant 0)$ 刻画的是噪声效应，表示收益较高的节点仍会以小概率采用比其收益更低的节点的策略，参考萨博和陶克（Szabó & Töke，1998）的研究，仿真分析中取 $k = 0.1$。

6.3　全球价值链网络合作的演化博弈仿真

本节尝试在网络博弈分析框架下，基于第 3 章构建的全球价值链网络并测度节点度、度分布和节点的度中心性等拓扑特征，进而对全球价值链网络进行博弈仿真分析，重点关注囚徒、猎鹿和雪崩困境下，节点国家（地区）不同的初始策略选择对网络整体合作水平的影响。

6.3.1　全球价值链网络的度分布

全球价值链网络只有 43 个节点，样本有限因而会出现数据噪声，即数据在度分布的尾部震荡幅度较大，这种情况下，可以度量网络的累积度分布函数，从而消除原度分布的胖尾现象。图 6－1 为 2014 年全球价值链网络的累积度分布双对数函数图，图中 K 代表网络节点的度，$P_{cum}(K)$ 为网络对应于 K 的累积度分布函数值。由图 6－1 可看出，该网络的节点度服从幂律分布，因此全球价值链网络为无标度网络。

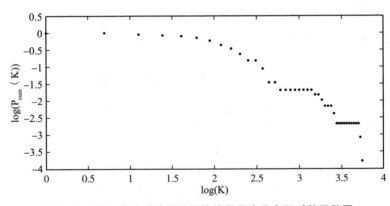

图 6－1　2014 年全球价值链网络的累积度分布双对数函数图

6.3.2　全球价值链网络的节点度和度中心性

表 6－2 显示，节点度值和出度中心性值均位于前三位的美国、德

国和中国，两指标值明显高于第四位及以后的国家，因而本书在接下来的仿真分析中选择这三个国家作为网络的重要节点国。

表 6 – 2　2014 年全球价值链网络的节点度、度中心性前五位的国家

各指标位次	节点度前五位	节点度值	出度中心性前五位	出度中心性值	入度中心性前五位	入度中心性值
第 1 位	德国	42	美国	0.905	马耳他	0.310
第 2 位	中国	41	中国	0.881	匈牙利	0.286
第 3 位	美国	40	德国	0.810	斯洛伐克	0.286
第 4 位	法国	30	俄罗斯	0.571	捷克	0.262
第 5 位	意大利	29	法国	0.524	爱沙尼亚	0.262

资料来源：作者根据测算结果整理而得。

6.3.3　全球价值链网络合作的演化博弈仿真结果

对以现实数据为基础构建的复杂网络进行演化博弈分析，通常由计算机仿真完成，仿真分析的假设条件、仿真过程和结果如下。

1. 全球价值链网络合作的演化博弈仿真假设条件

假设 1：由全球价值链网络拓扑特征的测度结果可知，2014 年该网络为无标度分布，考虑到全球增加值贸易中主要价值链关系一旦形成便具有相对的稳定性，本部分仿真分析假设网络节点国家（地区）基于网络结构所定义的博弈关系进行博弈，节点国家（地区）只能改变自己的博弈策略而不能改变博弈关系。

假设 2：价值链网络中的节点国家（地区）在博弈中选择合作策略表现为减少各种形式的贸易壁垒，反之为背叛策略。

假设 3：网络中影响力较大的国家在博弈初始时刻对合作或背叛策略的选择会影响网络整体的合作水平。

2. 全球价值链网络合作的演化博弈仿真过程

首先，参数设定。导入 2014 年全球价值链网络的邻接矩阵，明确 6.2.1 中三种困境博弈模型的参数取值。借鉴诺瓦克和梅的单参数设定

（这样的简化设定不会影响到博弈行为演化的动力学特征）：囚徒困境下，令参数为 $R=1$，$T=b(1<b<2)$，$S=P=0$；猎鹿困境下，令参数为 $R=1$，$T=b(0<b<1)$，$S=P=0$；雪崩困境中的参数 $T=\beta>1$，$R=(\beta-1)/2$，$S=\beta-1$，$P=0$，$r=1/(2\beta-1)(0<r<1)$ 是共同合作的成本—收益比。从而，囚徒和猎鹿困境下的背叛诱惑为 b，雪崩困境下的背叛诱惑为 r。囚徒困境中较低、中等、较高的背叛诱惑分别取 $b=1.1$、$b=1.5$、$b=1.9$，猎鹿困境中较低、中等、较高的背叛诱惑分别取 $b=0.1$、$b=0.5$、$b=0.9$，雪崩困境中较低、中等、较高的背叛诱惑分别取 $r=0.1$、$r=0.5$、$r=0.9$。

其次，节点初始策略选择的分类。全球金融危机后，"逆全球化"趋势渐强，特朗普政府更是与全球多个国家发生了经贸摩擦，因而本书的仿真分析重在观察美国初始合作与否，中国初始合作、中国和德国初始合作对全球价值链网络合作演化博弈的影响，并与各国（地区）在初始状态下随机选择博弈策略进行比较。值得注意的是，网络博弈中，每个节点国家（地区）在每一轮博弈中合作或背叛的策略选择是针对所有邻居节点的，由于美国近几年对多个经贸伙伴国均发生了不同程度的摩擦，所以仿真中将美国"初始不合作"作为一种情况观察是合理的；而中国虽然面对美国发起的贸易摩擦采取了针对性的措施，但并未对自身其他贸易伙伴加筑贸易壁垒，因此从网络整体看，仿真中仍可将"合作"作为中国的初始策略。

再次，个体博弈收益的度量。现有研究表明，累积收益非常适合度量无标度网络中个体的博弈收益（谢逢洁等，2017），因而按式（6－2）计算节点国家（地区）的博弈收益。其中 Ω_i 为由网络结构所决定的节点 v_i 的邻居集合，s_i 为节点 v_i 在 t 时刻的策略向量，$\pi(s_i,s_j)$ 表示个体 i 的博弈收益，则节点 v_i 第 t 次博弈的总收益为：

$$U_i(t) = \sum_{j \in \Omega_i} \pi(s_i, s_j) \qquad (6-2)$$

最后，节点的策略调整模式。考虑到各节点国家（地区）在博弈过程中存在由于非经济原因采取收益低于自身的邻居节点策略的可能性，仿真中按照 6.2.3 节式（6－1）所述的 Femi 过程进行策略更新。每一轮博弈后得到相应的整个网络的合作者密度，合作者密度是指某时刻合作者数量在网络所有节点中所占比例。当合作者密度较为稳定、不再改变时，视为达到动态均衡状态。

3. 全球价值链网络合作的演化博弈仿真结果

以下仿真结果图（图 6 - 1 ~ 图 6 - 4）里的四种情况差别在于节点国家（地区）博弈初始时刻的策略选择，分别指的是：情况一，网络中所有节点国家（地区）以 50% 的概率随机采用合作或背叛作为博弈初始策略；情况二，美国初始不合作而其他国家（地区）以 50% 的概率随机采用合作或背叛作为博弈初始策略；情况三，美国初始不合作、中国合作而其他国家（地区）以 50% 的概率随机采用合作或背叛作为博弈初始策略；情况四，美国初始不合作、中国和德国合作而其他国家（地区）以 50% 的概率随机采用合作或背叛作为博弈初始策略。

用 Matlab 2016 进行仿真分析，在各种情景 1000 轮博弈过后，合作者密度明显稳定下来，为保障结果的稳健性，以下仿真结果均为 100 次重复 1000 轮博弈实验所得合作者密度的平均值，记为合作者均衡密度 P_C，即各仿真结果图中的纵轴，横轴为仿真轮数。

（1）囚徒困境下的仿真结果。

如图 6 - 2 所示，在囚徒困境下，当背叛诱惑较低时，与情况一相比，情况二的合作者均衡密度明显降低但情况三和情况四的合作者均衡密度明显提高；当背叛诱惑处于中等或较高水平时，与较低背叛诱惑呈现相同的变化趋势，差别只是情况二的合作者均衡密度比情况一略有下降。

（2）猎鹿困境下的仿真结果。

如图 6 - 3 所示，在猎鹿困境下，情况二的合作者均衡密度在背叛诱惑较低时与情况一基本持平，在中等背叛诱惑时略高于情况一，在较高背叛诱惑时明显低于情况一；而情况三和情况四在各种背叛诱惑下的合作者均衡密度均依次升高，且都高于情况一和情况二。

（3）雪崩困境下的仿真结果。

如图 6 - 4 所示，在雪崩困境下，情况二的合作者均衡密度在背叛诱惑较低时明显低于情况一，在中等和较高背叛诱惑时与情况一基本持平；而情况三和情况四的合作者均衡密度在各种背叛诱惑下均依次升高，且都高于情况一和情况二。

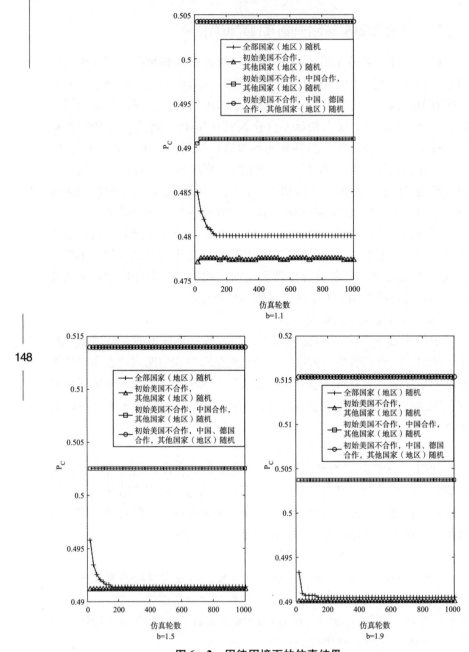

图 6 - 2　囚徒困境下的仿真结果

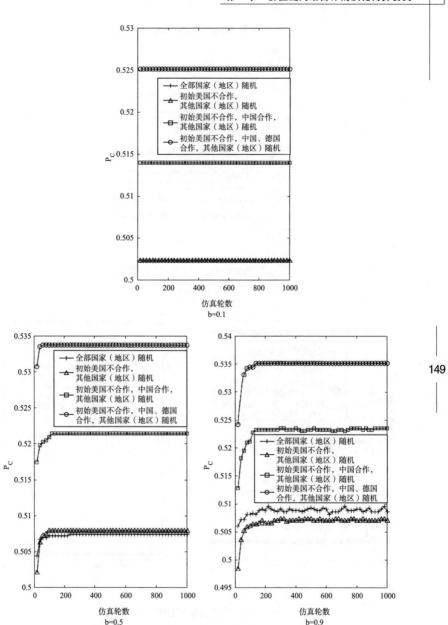

图 6-3 猎鹿困境下的仿真结果

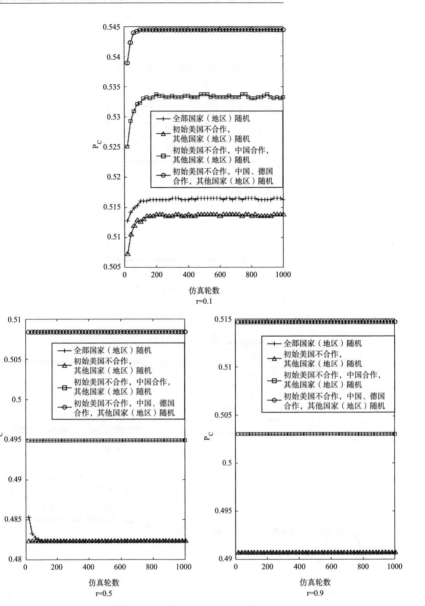

图 6 - 4　雪崩困境下的仿真结果

4. 讨论

从上述分析结果可以看出，在囚徒、猎鹿和雪崩三种困境中的较低、中等、较高三种不同程度的背叛诱惑下，全球价值链网络中的核心节点国家是否合作的策略选择对网络整体合作水平的作用及影响都得以检验。具体而言：

第一，全球价值链网络图（图3-1）显示，与2000年相比，2014年中国的度明显增大，说明中国在全球价值链中与越来越多的国家建立了增加值贸易关系，同时在全球价值链中的重要性也在提高；美国的度略有下降但仍是全球增加值贸易的主要核心国之一；德国、法国、英国、意大利、俄罗斯等国家变化不大，也一直是该网络的几个重要节点国。另外，从方向上看，以上重要节点国家箭头多指向其他国家，表示它们主要扮演增加值供给国的角色。这与费拉里尼（Ferrarini，2013）、瑟瑞娜等（Cerina et al.，2015）和阿马多尔和卡布拉尔（2017）等的研究一致。

第二，对全球价值链网络拓扑特征的测度表明，一方面，该网络为无标度分布。北村和马纳吉（Kitamura & Managi，2017）与塞佩达等（Cepeda-López et al.，2019）的研究已验证了总值贸易网络为无标度分布，而本研究从价值链网络角度进一步拓展了这些学者的结论。无标度网络的两个内在机制为增长和优先连接，增长机制即网络规模随着时间的推移不断增大，优先连接意指进入网络的新节点会优先选择网络中度大的节点进行连接，增长和优先连接机制会产生高连接度的中心（hub）节点以及这些hub节点间的紧密关系。因此，hub节点一旦选择合作策略会获得较高的博弈收益，从而影响邻居节点也选择合作策略，最终促进合作行为的传播和网络整体合作水平的提高。另一方面，全球价值链网络节点度和度中心性结果显示，美国、德国和中国在全球价值链中位居关键商品或核心服务的供给国地位。费拉里尼（2013）的研究表明，美国在电子生产网络上与东亚国家联系紧密，德国的汽车生产网络在广度和深度上都超越其他国家；阿马多尔和卡布拉尔（2017）发现德国和美国分别是全球价值链网络中主要的商品和服务供给国，中国作为商品供给国的地位逐渐重要，这往往能增强其对全球价值链的控制能力，从而具有相应重要的影响力。

第三，全球价值链网络合作的演化博弈仿真结果表明，在囚徒困境下，无论背叛诱惑处于什么水平，与所有国家（地区）随机采用合作或背叛策略相比，美国初始不合作的选择在经过演化博弈后会降低整个全球价值链网络的合作水平；但即便美国初始不合作，如果中国初始确定采用合作策略,则会使网络整体合作水平高于随机情况时;进一步,在美国初始不合作的条件下,如果中国和德国等网络重要节点国家同时在初始时刻确定采用合作策略,那么整个网络演化博弈后会达到更高的合作水平。在猎鹿困境下,与所有国家(地区)随机采用合作或背叛策略相比,美国初始不合作的选择在背叛诱惑较高时明显降低网络的合作水平;但无论背叛诱惑多大,在美国初始不合作的条件下,如果中国在初始时刻确定采用合作策略特别是和德国等网络重要节点国家同时选择合作策略,那么整个网络演化博弈后会达到更高的合作水平。在雪崩困境下,与所有国家(地区)随机采用合作或背叛策略相比,美国初始不合作的选择在背叛诱惑较低时明显降低网络的合作水平;但无论背叛诱惑多大,在美国初始不合作的条件下,如果中国在初始时刻确定采用合作策略特别是和德国等网络重要节点国家同时选择合作策略,那么整个网络演化博弈后会达到更高的合作水平。赵昌平等(2018)的仿真分析仅在囚徒困境下详细分析了区域国家贸易合作水平的影响因素,而本研究重点对比了囚徒、猎鹿和雪崩三种常见的困境下网络演化博弈的过程,从更全面的视角验证世界核心国家贸易合作的必要性。

6.4 "一带一路"价值链网络
合作的演化博弈仿真

"一带一路"倡议自 2013 年提出以来,在"逆全球化"趋势渐强的国际环境中被越来越多的国家接纳,也获得了越来越多来自国际舆论的积极评价。各国在互利共赢的前提下开展了多方位、多层次的合作,其重点内容之一即贸易合作,而当今国际贸易的一个重要特征是国际生产分割影响下的全球价值链合作。那么,"一带一路"国家之间的增加值贸易关系如何?在"一带一路"倡议实施前后发生了哪些变化?此外,美国特朗普政府近年来几乎对主要贸易伙伴都采取了不同程度的不合作经贸政策,美国"以邻为壑"的对外经济政策增加了"一带一路"国家选择不合作的可能。在这样的背景下,"一带一路"价值链网络内的中心国家确定选择合作策略,能否以及在多大程度上能抵御网络外经济不确定性等导致的背叛诱惑,促进网络合作水平及效益的提高?网络互惠是促进合作行为产生的一种机制，"一带一路"价值链网络中相互作用的节点国家之间具有复杂的结构，并非简单的全局作用或规则对称的局部作用，因而本节尝试在利用亚洲开发银行（2018 年）数据库构建的"一带一路"40 国 2010 ~ 2017 年价值链网络所测度的整体及节点拓扑特征显示的网络关系的基础上，仿真分析网络中心国家的策略选择在演化博弈后对网络合作水平的影响。

6.4.1　"一带一路"价值链网络的度分布

"一带一路"价值链网络的结构类型可通过度分布特征来明确，由于该网络只有 40 个节点，数据在度分布的尾部震荡幅度较大，为解决因样本有限而产生的数据噪声，可以度量网络的累积度分布函数，一般可以消除原度分布的胖尾现象（谢逢洁，2016）。图 6 - 5 为 2017 年"一带一路"价值链网络的累积度分布双对数函数图，可以看出，该网络的节点度服从幂律分布，因此该网络为无标度网络。图 6 - 5 中 K 代表网络节点的度，$P_{cum}(K)$ 为网络对应于 K 的累积度分布函数值。

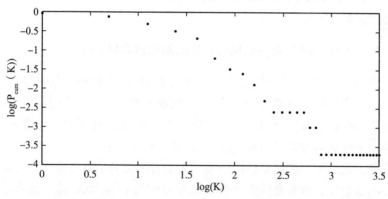

图 6 - 5　2017 年"一带一路"价值链网络的累积度分布双对数函数图

6.4.2　"一带一路"价值链网络的节点度和度中心性

相较于入度和入接近度中心性，出度和出接近度中心性更高意味着一国在增加值贸易关系上更具主动性和控制力，因而综合 3.3.3 节中的数据及分析，本书将中国、俄罗斯、意大利、波兰和奥地利作为"一带一路"价值链网络的中心国家。

6.4.3 "一带一路"价值链网络合作的演化博弈仿真结果

1. "一带一路"价值链网络合作的演化博弈仿真假设条件

假设1："一带一路"价值链网络中的40国基于网络结构所定义的博弈关系进行博弈，各国只能调整自己的博弈策略（选择合作或不合作），不能改变自己的博弈关系。考斯奈特和瓦特（Kossinets & Watts, 2006）的研究认为，作为一个整体，社会网络的结构属性会在很长一段时间内保持不变，"一带一路"价值链网络特征的测度结果也表明了主要网络关系及中心国家的稳定性。

假设2：节点国家选择合作策略定义为降低各种贸易壁垒、减少贸易摩擦，反之为不合作策略。

假设3：中心节点策略会显著影响网络合作水平的变化。

假设4：中心节点策略对网络合作水平的影响因博弈参与成本不同而存在差异。

2. "一带一路"价值链网络合作的演化博弈仿真过程

用 Metlab 2016 进行仿真分析，导入 2017 年[①]网络的邻接矩阵，每个个体在获得初始博弈策略后，首先根据表 6-3 所示的囚徒、猎鹿、雪崩困境收益矩阵进行博弈，然后依照式（6-2）计算自身博弈收益，再根据策略更新规则式（6-1）进行策略调整，作为下一次博弈的策略选择，从而每一次博弈后网络总体的合作者密度[②]随之变化。为保障结果的稳健性，取重复博弈（即仿真取样时间）为 1000 轮，仿真结果图中的每个点是不同博弈参数 b 或 r 条件下，100 次重复 1000 轮博弈实验得到的合作者密度的平均值，记为合作者均衡密度 P_C。

---

① 网络拓扑特征部分的测算结果表明，网络的主要结构关系和网络的中心国家在样本期均较为稳定，且 2017 年是可得数据最新的一年，因此仿真分析时以 2017 年网络结构所定义的博弈关系为准。

② 某个时刻 t 选择 C 策略的个体在总体中的比例为合作者密度。

表6-3		单次博弈的收益矩阵
i, j	C	D
C	R	S
D	T	P

注：i，j分别表示行向量和列向量，C策略为合作，D策略为不合作。$P(s_i, s_j)$ 表示个体 v_i 的博弈收益，则囚徒和猎鹿困境下有 $p(C, C) = 1$，$p(C, D) = 0$，$p(D, C) = b$，$p(D, D) = 0$；雪崩困境下有 $p(C, C) = (b-1)/2$，$p(C, D) = b-1$，$p(D, C) = b$，$p(D, D) = 0$。

3. 中心国家策略影响"一带一路"价值链网络合作行为演化的仿真结果

中心国家策略影响网络合作行为演化的仿真结果如图6-6所示，为便于对比，重复博弈的初始时刻，分别定义网络中各节点国家以50%概率随机选择合作或不合作策略（图6-6中Randow线），并定义节点度[1]最大（图6-6中Top1线）、前三位（图6-6中Top3线）、前五位（图6-6中Top5线）的国家选择合作策略而其他国家以50%概率随机选择合作或不合作策略作为自身初次博弈的策略。囚徒困境中分别取 b=1.1、b=1.5、b=1.9 代表较低、中等、较高的背叛诱惑，猎鹿困境中分别取 b=0.1、b=0.5、b=0.9 代表较低、中等、较高的背叛诱惑，雪崩困境中分别取 r=0.1、r=0.5、r=0.9 代表较低、中等、较高的背叛诱惑。仿真结果表明，无论在囚徒、猎鹿还是雪崩困境下，在较低、中等、较高的背叛诱惑时，如果度最大或者说影响力最大的中国初始确定选择合作策略，经过网络演化博弈，都会提高网络整体的合作者均衡密度，或者说对网络整体的合作行为起到显著促进作用；而越多影响力较大的国家初始选择合作策略，越能进一步提高网络整体的合作者均衡密度。原因在于，与度低的国家相比，度高的国家采取合作行为有利于网络中更多的国家模仿它们的行为采取合作策略，从而增加了合作行为的传播途径。

---

① 入度和出度之和，双向关系的节点只算一条，因为不考虑双向和单向关系在两节点间博弈关系中的差异。另外，前述测算结果表明，出度、出接近度中心性值所显示的中心国家与度值显示的相吻合。

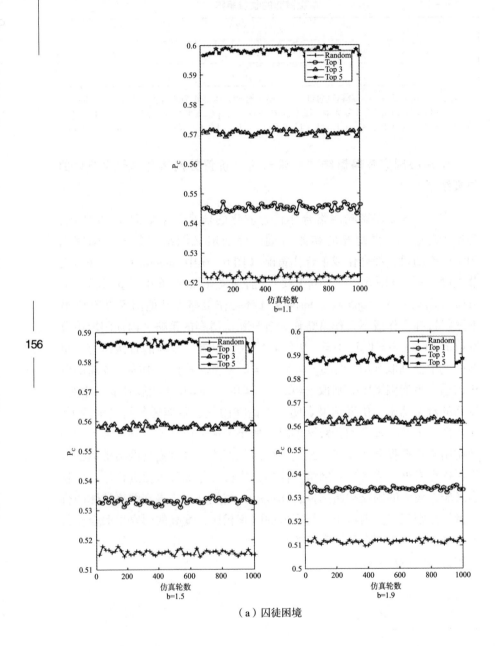

（a）囚徒困境

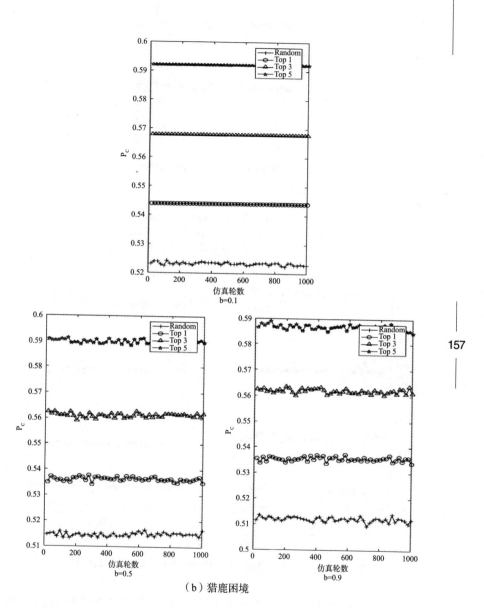

（b）猎鹿困境

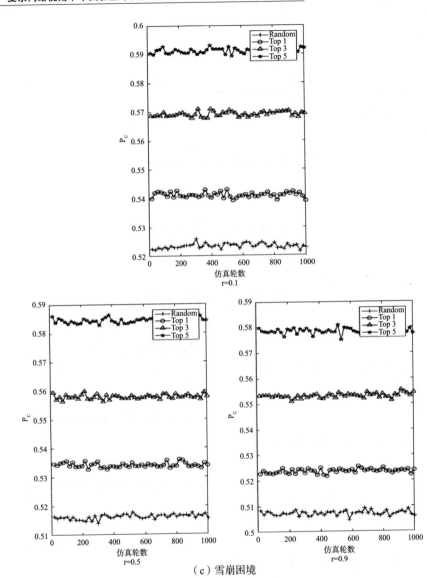

（c）雪崩困境

图6-6　中心国家策略影响网络合作行为演化的仿真结果

4. 博弈参与成本影响"一带一路"价值链网络合作行为演化的仿真结果

开始和开展国际经济合作关系是需要付出成本的，因而有必要将博弈参与成本纳入"一带一路"价值链网络演化博弈仿真中。参考增田直纪（Naoki Masuda，1992）考虑社会关系成本的方式，下述仿真分析中假定所有国家的博弈参与成本完全相同，计为 h。进行博弈参与成本对网络合作行为演化仿真时，由于"一带一路"倡议由中国提出且中国为影响力最大的国家，重复博弈的初始时刻，定义中国选择合作策略而其他国家以 50% 概率随机选择合作或不合作策略，作为自身初次博弈的策略。各困境参数取值同前文，博弈参与成本 h 分别取 0、0.5、1、1.5 和 2，仿真结果如图 6 - 7 所示。囚徒困境中，在较低、中等、较高的背叛诱惑条件下，存在博弈成本时，合作者均衡密度均出现明显降低，值得注意的是，h 等于 1.5 和 2 时的合作者均衡密度虽然仍低于 h 等于 0 时，却高于 h 等于 0.5 和 1 时，出现了反弹，这种情况在中等背叛诱惑下最为明显。猎鹿困境中，背叛诱惑较低和中等时，合作者均衡密度随博弈参与成本增加而下降；背叛诱惑较高时，h 大于 0 时的合作者均衡密度都低于 h 等于 0 时，但随着 h 从 0.5 逐渐增加到 2，合作者均衡密度呈提高趋势。雪崩困境中，较低背叛诱惑下，合作者均衡密度没有明显变化；中等背叛诱惑下，h 大于 0 时的合作者均衡密度都低于 h 等于 0 时，但随着 h 从 0.5 逐渐增加到 2，合作者均衡密度呈提高趋势；较高背叛诱惑下，h 等于 0.5 时合作者均衡密度明显下降，而随着 h 增加到 1、1.5 和 2，合作者均衡密度逐渐反弹。总之，将博弈参与成本引入后，合作者均衡密度在各种情境下均出现下降，这是因为没有博弈成本时，度高的国家能获得非常高的收益并偏好选择合作策略，同时度高的国家邻居节点较多从而它的合作行为可以影响到邻居国家模仿其合作行为；但存在博弈成本时，高连接度的节点国家在博弈过程中不再能获得非常高的收益，反而低连接度的节点国家因博弈参与成本相对较低而在博弈过程中获得相对更高的收益，但度低的国家邻居节点少，它们的合作行为仅能使少数国家模仿，从而使合作行为的传播途径减少，导致合作者均衡密度出现下降。然而，随着成本进一步增加，合作者均衡密度均出现反弹，原因在于博弈成本的提高进一步增大了度低国家和度高国家之间博弈收益的差异，使低连接度并且选择合作的国家对高连接度国家的影响增强，最终导致网络的合作者均衡密度在较高博弈参与成本下反而比较低博弈参与成本时更高（谢逢洁，2016）。

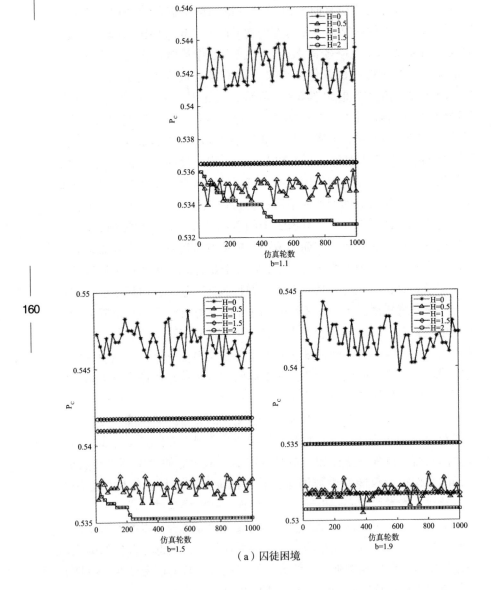

（a）囚徒困境

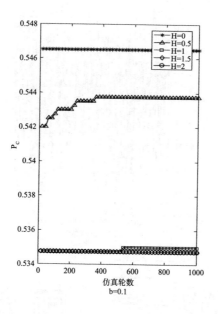

b=0.1

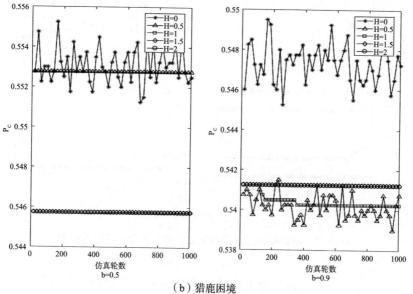

b=0.5

b=0.9

（b）猎鹿困境

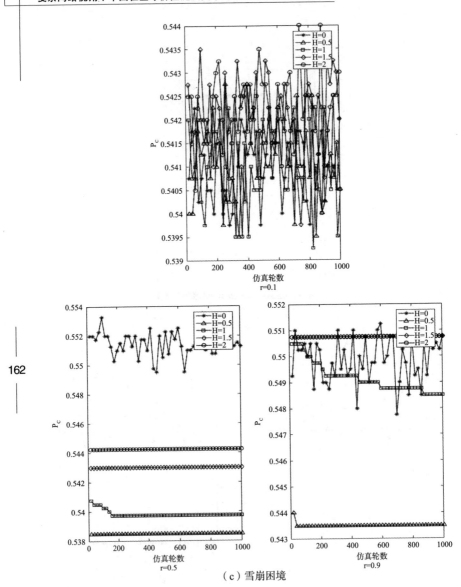

（c）雪崩困境

图 6-7　博弈参与成本影响网络合作行为演化的仿真结果

　　由上，"一带一路"价值链网络演化博弈仿真分析结果表明，在囚徒、猎鹿和雪崩三种困境下，无论背叛诱惑处于较低、中等还是较高水平，当网络中度值最大的一国、度值位列前三位的三国及前五位的五国在博弈初始时刻选择合作策略时，网络动态均衡的合作者密度都比初始时刻各国随机选择合作策略高，而且，越多影响力大的国家在初始时刻选择合作，越能明显促进网络整体的合作者密度提高。因此，中国、俄罗斯、意大利、波兰和奥地利等国确定选择合作策略，是推动"一带一路"价值链网络合作行为产生及合作水平提升的重要因素之一。

考虑博弈参与成本后，当网络中度值最大的中国确定合作而其他国家以 50% 概率随机选择合作或不合作策略作为自身初次博弈策略时，"一带一路"价值链网络的合作者均衡密度在囚徒、猎鹿和雪崩情境的各种水平背叛诱惑下均出现下降；但随着博弈参与成本的提高，各种困境不同程度的背叛诱惑下，网络的合作者均衡密度出现反弹，虽然仍低于无成本时，但明显存在合作者均衡密度在较高博弈参与成本下反而比较低博弈参与成本时更高的现象。

第7章 新冠肺炎疫情沿全球价值链 网络的传播——基于金融 风险的视角

7.1 新冠肺炎疫情——突如其来的外生冲击

2020 年突然暴发的新冠肺炎疫情蔓延全球，给整个人类生活生产带来极大伤害和巨大冲击。2020 年 3 月 6 日，原油价格下跌引爆美股大跌，美股在短短 10 天内熔断 4 次（美国股票市场自建立熔断机制以来，共发生过 5 次熔断，其中 4 次在本次疫情），道琼斯工业指数、纳斯达克指数、标普 500 指数三大股指最大跌幅均超过 30%。作为全球金融中心的美国金融市场大动荡，对全球金融市场和全球价值链必然产生不可忽视的冲击。代表世界各国经济相互依赖一个重要方面的全球价值链网络，也为金融风险的传播提供了途径。

考虑到金融市场对于任何冲击都较为敏感，本章从金融风险沿全球价值链网络传播的角度，理论和实证分析新冠肺炎疫情引发的金融风险传播问题。实证部分，融入全球价值链网络的基本特征，限于全球价值链网络相关测算数据的可得性，本章只能利用 2014 年的全球价值链网络特征数据进行实证。全球价值链网络在 2014 年至今虽处于调整期，但尚未发生根本性改变，因此这样的实证分析仍具有参考意义。

7.2　新冠肺炎疫情引发的金融风险
在全球价值链网络中传播的机制

7.2.1　直接机制

直接机制是指新冠肺炎疫情引发的金融风险在全球价值链网络中存在直接增加值联系的节点国家或地区（即网络图中直接存在双向或单向箭头的节点国家或地区）之间的传播。新冠肺炎疫情引发的美国金融市场动荡，在美元指数中也得以反映，自2020年2月20日以后，随着疫情在包括美国在内的海外发酵，美国基本面预期恶化，美元指数出现快速调整，在3月初回落至96.0的水平。7月30日继续震荡下行，最低达到93.1678。作为核心和关键节点的美国，在全球价值链网络中度值较大，拥有众多增加值进出口伙伴国（地区），其货币贬值会恶化这些伙伴国（地区）的国际收支，对这些国家（地区）的货币造成贬值压力，从而造成这些存在直接增加值关系的伙伴国（地区）发生金融风险。

165

7.2.2　间接机制

间接机制是指新冠肺炎疫情引发的金融风险在全球价值链网络中存在间接增加值联系的节点国家或地区（即网络图中间接存在双向或单向箭头的节点国家或地区）之间的传播。例如，A国如果从B国和C国同时进口中间产品，B国和C国之间不存在直接的增加值联系。由于B国货币贬值刺激B国对A国中间品出口的增长，对C国出口至A国的增加值构成更激烈的竞争，可能导致C国货币出现竞争性贬值，引发金融动荡。

7.3 新冠肺炎疫情引发的金融风险沿全球价值链网络传播的实证分析

7.3.1 金融风险沿全球价值链网络传播效应的模型及数据

借鉴王维红（2012）的研究，设定金融风险沿全球价值链网络传播效应实证分析模型如式（7-1）所示：

$$EMP_{it} = \alpha + \beta WEMP_{it} + \gamma_1 X_1 + \gamma_2 X_2 + \cdots + \gamma_s X_s + \varepsilon \qquad (7-1)$$

其中，EMP_{it} 是外汇市场压力指数，计算公式如式（7-2）：

$$EMP = \frac{1}{\sigma_e}\frac{\Delta e_t}{e_{t-1}} - \frac{1}{\sigma_r}\frac{\Delta r_t}{r_{t-1}} + \frac{1}{\sigma_p}\frac{\Delta p_t}{p_{t-1}} \qquad (7-2)$$

式（7-2）中，e_t 是 t 时刻某国货币对美元的汇率（美国采用同期美元指数的对数），r_t 是 t 时刻某国的外汇储备，p_t 是 t 时刻某国国内存款的名义利率。

式（7-1）中，W 是全球价值链网络的邻接矩阵，WEMP 表示金融风险通过网络对一国的传播力，$X_j(j=1, 2, \cdots, k)$ 表示网络中节点国家内的各类因素，在下面实证分析中采用的指标有每个国家自身因素主要涉及三个方面共 13 个指标：第一类，衡量一国实体经济运行状况的宏观经济指标，选择实际 GDP 增长率（X1）、通货膨胀率（X2）；第二类，衡量一国发生金融危机风险大小的指标，选择 M2 增长率（X3）、M2 占外汇储备的比率（X4）、净国内信贷（是向非金融公共部门提供的净信贷、向私营部门提供的信贷以及其他账户的总和）占 GDP 的比率（X5）；第三类，衡量一国国际收支状况，包括经常项目和资本金融项目相关的指标，选择经常账户余额占 GDP 的比率（X6）、出口增长率（X7）、进口增长率（X8）、进出口总额占 GDP 的比率（X9）、外汇储备增长率（X10）、外汇储备与进口的比率（X11）、外国直接投资净流入占 GDP 的比率（X12）、实际汇率变动率（X13）。以上指标测算的数据来源于世界银行、国际货币基金组织及经济合作与发展组织。

7.3.2 金融风险沿全球价值链网络传播效应的实证分析结果及解读

1. 因子分析

表征每个国家自身因素的 13 个指标之间存在信息重叠，因而首先通过因子分析减少为少数代表性因子。KMO 和巴特利特检验结果见表 7-1，KMO 值为 0.524，表明可以做因子分析；巴特利特球形检验的结果也说明 13 个变量之间显著相关，需要对 13 个变量作因子分析。由表 7-2 总方差解释可知，13 个原始变量可缩减为 3 个因子，3 个因子对原始变量总方差的解释达到 74% 以上，能比较充分地反映原始变量的信息。由表 7-3 旋转后的成分矩阵可知 3 个因子所包含的主要变量。

表 7-1   **KMO 和巴特利特检验**

KMO 取样适切性量数		0.524
巴特利特球形度检验	近似卡方	259.341
	自由度	78
	显著性	0.000

表 7-2   **总方差解释**

成分	初始特征值			提取载荷平方和			旋转载荷平方和		
	总计	方差百分比	累积百分比	总计	方差百分比	累积百分比	总计	方差百分比	累积百分比
1	5.107	39.282	39.282	5.107	39.282	39.282	4.388	33.756	33.756
2	2.560	19.691	58.973	2.560	19.691	58.973	2.696	20.739	54.495
3	2.023	15.560	74.533	2.023	15.560	74.533	2.605	20.038	74.533
4	1.200	9.228	83.761						
5	0.857	6.589	90.349						
6	0.422	3.246	93.595						

续表

成分	初始特征值			提取载荷平方和			旋转载荷平方和		
	总计	方差百分比	累积百分比	总计	方差百分比	累积百分比	总计	方差百分比	累积百分比
7	0.337	2.594	96.189						
8	0.245	1.887	98.076						
9	0.151	1.162	99.239						
10	0.063	0.482	99.720						
11	0.027	0.208	99.928						
12	0.007	0.055	99.984						
13	0.002	0.016	100.000						

表 7-3 旋转后的成分矩阵[a]

指标	成分		
	1	2	3
X8	0.878		
X7	0.848		
X10	0.792		
X11	0.769		
X1		0.731	
X4	-0.626		
X13		0.794	
X2		0.750	
X3		0.730	
X6			-0.694
X12			-0.927
X9			-0.868
X5			0.028

注：提取方法为主成分分析法，旋转方法为凯撒正态化最大方差法。a. 旋转在7次迭代后已收敛。

2. 回归系数及分析

表 7 - 4 中 F1 为流动货币性因子，F2 为宏观经济因子，F3 是国际收支因子。全球价值链网络、流动货币性因子、宏观经济因子和国际收支因子对金融风险的传播系数分别为 0.673、0.057、- 0.353 和 0.546，宏观经济因子在 10% 的水平下显著，其他变量在 5% 的水平下显著。除宏观经济因子系数为负之外，其他变量系数均为正；系数绝对值大小依次为全球价值链网络、国际收支因子、宏观经济因子和流动货币性因子。可见，现有全球价值链网络结构对金融风险的传播影响还是较大的，政府可通过稳定宏观经济运行尽可能降低金融风险沿全球价值链网络传播给我国金融市场带来的波动和冲击。

表 7 - 4 　　　　　　　　　　　　　　回归系数

模型	标准化系数	t	显著性
（常量）		- 0.026	0.980
wy	0.673	2.652	0.023 **
F1	0.057	2.734	0.021 **
F2	- 0.353	- 1.389	0.092 *
F3	0.546	2.813	0.020 **

注：* 、** 分别表示在 10%、5% 水平上显著。

第8章 结论、政策启示及研究展望

8.1 基本结论

基于前面七章内容的分析，本书基本结论如下。

第一，从网络整体拓扑特征值来看，全球价值链网络的演变呈现以下特征：所有商品和服务、所有商品全球价值链网络随时间推移越发紧密，而所有服务全球价值链网络中各国（地区）增加值贸易联系的平均紧密程度变化不大；2008年经济危机之后各国（地区）区域经济一体化合作暂时受阻；网络中的节点国家（地区）之间双向增加值贸易关系逐渐增长，服务增加值网络增长幅度最大且向紧密和深化演变；网络中节点国家（地区）在总体、商品和服务方面均存在增加值贸易上的中心—外围关系；全球增加值贸易网络的集团化程度在上升，商品增加值网络的该特征尤为明显。

第二，从2010~2017年"一带一路"价值链网络图及整体拓扑特征值可以看出，网络的平均连通情况、互为供需关系的国家占比、中心—外围关系以及网络的集聚程度在"一带一路"倡议提出前后几年均较为稳定；变化最为显著的是平均最短路径长度，尤其是"一带一路"倡议提出后的几年明显降低，说明"一带一路"倡议对网络内各国之间的区域增加值贸易一体化关系具有推动作用。可见，从增加值贸易关系来看，"一带一路"倡议是在各国已经建立的垂直分工体系基础上，顺应和尊重世界经济发展规律提出的，它是重要的国际合作平台和国际公共产品，核心内涵是借助"丝绸之路"文化内涵打造开放、包容的国际区域经济合作平台，以促进区域和世界经济的复苏及发展。

第三，在2005～2015年期间，东盟10＋3价值链网络的总体拓扑特征中，波动幅度最大的是平均度指数，且呈下降趋势，表明东盟10＋3增值贸易网络正在变得松散。其中一个原因是，中国、越南、印度尼西亚等一些国家参与了东盟10＋3地区以外的增值合作。其次，平均测地线距离、双向比和平均集聚系数三个指标是稳定的。因此，10个国家之间的一体化程度、双向供求关系和集聚程度是稳定的。最后，度同配性值始终为负，反映了东盟10＋3增值贸易网络的非协调性，即网络中国家之间存在中心—外围关系。

第四，全球价值链网络的节点度、度中心性测算结果显示，2014年中国的度值和出度中心性值在网络中均居第二位。其中度值41（网络里除中国之外的42国（地区）中，只有一国与中国的增加值贸易关系低于阈值），可见目前中国与世界各国存在着广泛的增加值贸易联系。而出度中心性值较高，反映了中国是网络里增加值的主要供给国，在其他国家（地区）总出口生产中具有一定的影响力。

第五，2010～2017年"一带一路"价值链网络节点中心性和节点度值测度的结果表明，中国在"一带一路"价值链网络中是增加值的主要供给国，在增加值出口方面与网络内其他国家较容易建立联系，且与网络内数量最多的国家增加值贸易关系超过临界值。中国为网络内较多国家的出口生产提供中间产品，在"一带一路"其他国家的总出口中扮演着相对重要的角色。可见，中国不仅是"一带一路"倡议的提出国，也在网络中居于重要地位，具备一定的影响网络合作行为的能力。

第六，2005～2015年的东盟10＋3价值链网络节点特征测度结果表明，除了日本、中国、新加坡和韩国外，马来西亚和泰国的度值也相对较高。从增加值关系的方向来看，日本已经成为该区域网络主要的增加值供应方，中国作为增值供应国的地位不断提高，新加坡、泰国、马来西亚和越南是网络内增加值的主要进口国。

第七，对中日韩三国在全球以及东盟10＋3增加值贸易网络里中心地位的比较发现，在全球增加值贸易网络里，样本期内中国的总度值、出度值、出度中心性值和出接近度中心性值均明显上升，2006年以后，中国的上述各项值超过日本成为三国中最高，韩国在三国中一直最低；而韩国的入度值、入度中心性值和入接近度中心性值在三国中一直最高，其次是中国和日本。可见，中国在全球增加值贸易网络里的总体中心地位明显提高，2006 年以来，中国在三国中一直是向网络其他国家总出口提供增加值最多的国家；而样本期内韩国总出口中对网络里其他国家增加值的进口使用是三国中最多的，日本最少，中国居于韩国和日本之间。在东盟 10＋3 区域增加值贸易网络里，样本期内中国和日本的总度值、出度值、出度中心性值和出接近度中心性值较为接近，均高于韩国，其中中国的出度中心性值和出接近度中心性值 2013 年后略高于日本；而中日韩三国的入度值均不高，相对而言，韩国最高，入度中心性值和入接近度中心性值从高至低依次为韩国、中国和日本。因而，中国和日本在东盟 10＋3 区域增加值贸易网络里仍是向区域网络其他国家总出口提供增加值较多的国家，而韩国总出口生产对区域网络里其他国家增加值的进口使用相对中国和日本较多。

第八，将全球价值链网络内同一行业进行比较时，从一个行业对其他国家（地区）所有行业的增加值供给以及一个行业对其他国家（地区）所有行业的增加值需求来看，中国在网络内各国（地区）中均有较多行业位于前 10 位。增加值供给方面中国位于前 10 位的行业总数量呈明显的增长态势，而增加值需求方面中国位于前 10 位的行业总数量没有明显的增长或下降趋势，呈现较为平稳的小幅波动。中国参与产业增加值网络仍是以第二产业制造业为主。"一带一路"价值链网络内同一行业进行比较时，中国也呈现类似的特征。

第九，从产业层面对比 2014 年中日韩三国出口占比前五位行业在全球价值树中的重要程度后发现，中日韩三国的计算机、电子和光学产品制造业"重要度"值在样本期内均呈提高趋势，中国的上升趋势最明显，中国在大部分年份"重要度"值最高；计算机、电子和光学产品制造是三国总出口占比中较高的行业，且在全球价值树中的重要性呈提高趋势，这也意味着中日韩该行业在全球市场上的竞争较为激烈。汽车、挂车和半挂车制造是日本和韩国的主要出口产业，样本期内大部分年份日本该行业的全球价值树"重要度"值显著高于韩国。劳动密集型的纺织品、服装和皮革制品制造业仍是中国的主要出口行业，样本期内该行业作为其他行业中间投入的作用在增强。作为连接生产和流通的批发贸易业是日本和中国的主要出口行业，样本期内大部分年份日本该行业的"重要度"值高于中国，且日本上升趋势明显而中国下降趋势显著。

172

第十，中国计算机、电子和光学产品制造业的生产中，直接或间接使用的增加值主要来源于本国和日本等地区。来源于日本的增加值集中于计算机、电子和光学产品制造业；计算机程序设计、咨询及相关活动，信息服务活动；金融服务活动，保险和养恤金除外；批发贸易，但汽车和摩托车除外；等等。

第十一，一国在价值链网络中的供给能力与其在网络里的中心地位及影响力相对应，是其要素禀赋、技术水平、制度政策、国际经济环境等条件综合作用的结果；一国在价值链网络中的供给能力表现为与较多国家建立增加值贸易关系同时出口较多增加值（如美国、德国、中国），或建立增加值关系的国家数量不占优势条件下生产出口增加值量较大的产品（如日本）；国际及国内政治经济不发生大变动的条件下，一国在全球增加值贸易网络中的供给能力具有惯性增长的特征；制度总体以及法制规范、政府规模、市场自由三个维度的制度质量均对一国在增加值贸易网络中的供给能力具有显著正向影响。健康人力资本对一国供给网络内增加值的影响呈非线性关系，当一国人均 GDP 低于门限值时，健康人力资本对增加值供给产生负向阻碍影响；但当一国人均 GDP 高于门限值时，健康人力资本对增加值供给起到正向促进作用。这是由于人均 GDP 较低时，劳动力用于健康人力资本的投资非常有限，起不到增加和保障健康人力资本的作用。通过构建"健康差距"指标并进行实证检验发现，"健康差距"扩大会使健康人力资本的全球价值链促进效应弱化而抑制效应凸显，从而对一国全球价值链地位的攀升产生不利影响。通过引入全球贸易分析模型（GTAP 模型），经由数据转换构建起 GTAP 模型和 KWW 贸易分解模型的链接的模拟结果显示，RCEP 生效后，中国对域内国家的出口贸易增加值显著增加，而对域外的欧盟、美国和世界其他国家的出口贸易增加值明显减少。中国对域内所有国家最终产品和中间产品出口的国内增加值的增长均高于出口贸易增加值分解的其他部分；中国对域内所有国家中间产品出口国内增加值的增长均大于最终产品出口国内增加值的增长；对日本最终产品以及中间产品出口的国内增加值增长最多，其次为东盟、韩国、澳大利亚和新西兰。时间序列分析的结果表明，中国向全球增加值贸易网络中所有其他国家总出口生产提供的增加值总量与数字经济发展之间存在长期变动趋势，当中国向全球增加值贸易网络中所有其他国家总出口生产提供的增加值总量的短期波动偏离长期均衡时，将以 -0.991 的调整力度由非均衡调整为均衡状态。

第十二，全球价值链网络演化博弈仿真分析的结果显示，在囚徒和雪崩困境的较低背叛诱惑、猎鹿的较高背叛诱惑条件下，美国一国初始不合作的策略会明显降低网络整体的合作水平；但无论处于哪种社会困境下的哪种背叛诱惑水平，即便美国初始不合作，但若中国初始确定合作，则会明显提高网络的合作水平，在此基础上，如果网络中其他重要节点国家（如德国）初始也和中国一起选择合作，则网络的合作水平会进一步显著上升。

第十三，"一带一路"价值链网络演化博弈仿真分析的结果表明，对网络内的各国而言，背叛诱惑始终存在，但无论背叛诱惑处于较低、中等还是较高水平，如果网络内中心国家选择合作作为初始策略，那么演化博弈的结果将是整个网络的合作行为得到促进。国际经济合作的维持需要各国付出一定的成本，本研究发现博弈参与成本的引入会降低网络的合作者均衡密度，主要是由于中心国家与每一个邻居节点国博弈都要付出一定的成本，中心国家因博弈总成本较高而收益降低，从而中心国家选择合作对邻居节点的影响力下降；但随着成本增加，合作者均衡密度出现反弹，仍低于无成本时。

第十四，2020 年初暴发的新冠肺炎疫情迫使相关国家停工停产，给全球经济和价值链合作带来系统性冲击，对金融风险沿全球价值链网络传播的机制和效应的理论及实证分析显示，现有全球价值链网络结构对金融风险的传播影响还是较大的，政府可通过稳定宏观经济运行尽可能降低金融风险沿全球价值链网络传播给我国金融市场带来的波动和冲击。

8.2　政策启示

进入 21 世纪以来，中国依托劳动力优势和对外开放政策，通过嵌入东亚生产网络在全球增加值贸易合作中的地位显著提高，在全球、"一带一路"及东盟 10＋3 价值链网络中已经成为增加值的主要供给国，计算机、电子和光学产品制造业在全球价值树里的重要性明显提高且超过日本和韩国。在当今"逆全球化"、不确定性较强的世界经济环境中，中国要在继续开放的政策下实现在全球及区域增加值合作中地位"质"的飞跃，还需加强以下几方面。

第一，积极参与区域经济合作。从增加值贸易视角看，"一带一路"倡议是在各国已经建立的垂直分工体系基础上提出的，"一带一路"倡议的实施促进了区域内增加值贸易一体化关系的发展，今后该倡议的推进也需要尊重区域和世界经济发展规律。区域内国际经济合作协议的谈判和签署应发挥各国的资源、要素等比较优势，同时促进硬件和软件设施的互联互通以降低交易成本，使"一带一路"区域价值链更有效地实现合作共赢。事实上，2019年3月，中国和意大利在罗马正式签署政府间关于共同推进"一带一路"建设的谅解备忘录；2019年6月5日，中俄两国元首签署了发展新时代全面战略协作伙伴关系的联合声明，几日之后，俄罗斯总统普京在圣彼得堡国际经济论坛全体会议上表示，希望欧亚经济联盟与中国的"一带一路"倡议能够成功对接。中国作为"一带一路"倡议的提出国，今后应继续加强与俄罗斯、意大利、波兰、奥地利等中心国家的协商，促进中心国家持续性地选择合作。此外，中国应积极推动中日韩区域经济合作水平的提高。2019年12月27日，第八次中日韩领导人会议上，三国同意在RCEP谈判成果的基础上，加快中日韩自贸协定谈判，力争达成全面、高质量、互惠且具有自身价值的自贸协定。中国也应重视东盟10+3、中国—东盟等其他区域经济合作的开展和推进。目前，亚太地区出现多极化格局，东盟是重塑未来亚太秩序的一支重要力量，东盟10国形成的东盟共同体是亚洲第三大和全球第七大经济体，过去十几年年均经济增长约5%，与东盟维持良好的经济合作是维持亚太区域经济可持续发展的必然选择。总体上，RCEP有利于中国在域内价值链地位的提高，中国应积极利用RCEP区域合作的深化，在亚太价值链重构中发挥重要作用的同时，提高自身在全球及区域价值链网络中的地位和收益。

第二，制度方面，我国在现有要素禀赋和国际需求条件下，首先，应通过制度的设计及实施，实现政府有效监管与市场配置资源的结合，创造机会嵌入或通过改革维持在全球价值链的重要或关键环节，从而逐渐具备或保持增加值的长期供给能力，带动国内经济的繁荣稳定。其次，提高制度质量中营商、贸易、投资、金融等自由度，可以直接降低企业的生产和交易成本，从而促进一国增加值供给能力的提高。最后，完善产权特别是知识产权保护制度、提高司法效率和公正性，可以间接影响企业的技术创新动力和水平，进而保障一国增加值供给能力的长期可持续发展。

第三，通过各种方式支持企业自主创新。改革开放40多年来，我国以技术引进为主，然而近年中兴、华为等企业遇到的国外技术制裁再次说明，技术引进和模仿的同时，我国企业应加强自主创新。当前，中国多数企业的创新尚未进入到基础理论的研究，而基础科学对创新具有关键的支撑作用，但其需要大量的资金投入、见效慢，需要政府更加重视教育改革，鼓励企业在加强与高校、科研院所合作的同时，根据自身条件坚持开放创新，在全球范围整合创新资源。在企业类型方面，除国有企业外，更应加强对民营企业创新的支持。国有企业由于更容易吸引人才、融资能力强等原因，在创新资源上具有较大优势，因而在高科技领域的创新表现较民营企业更为突出。政府需要在融资、人才等制度政策上支持民营企业。各级政府在组织科技项目、人才引进时应平等对待不同所有制企业，鼓励民营企业独立或联合承担国家各类科研项目、参与国家重大科技项目攻关，通过技术改造的实施转化创新成果。

第四，推进生产性服务业和制造业深度融合。制造业是历史和当今世界大国核心竞争力和综合国力的体现，英、美等国家制造业"空心化"的负面影响在金融危机后凸显，而德国依靠高质量的制造业在世界经济和全球价值链中保持着强大的竞争力和中心地位，因而我国应重视制造业特别是高端制造业的持续发展。而生产性服务业与制造业之间存在互动影响，可以协同发展。政府可以通过促进交通运输、城市金融、科学技术、商务服务等生产性服务业有效集聚，降低各种服务的成本，加快资源和各种生产要素的流动，提高它们在不同区域的配置效率，进而更好地服务制造业，促进制造业向全球价值链高端攀升。

第五，加大健康人力资本的投资。健康是人力资本的先决条件，其与教育一样是推动经济增长的重要因素。联合国《2030年可持续发展议程》中17个可持续发展目标的第3个即为"良好健康与福祉"，呼吁所有国家行动起来，解决健康卫生等社会需求。据世界卫生组织统计，2000～2018年，全世界人均卫生支出呈稳定增长趋势，从2000年的351美元增加到2018年的926美元。2020年席卷全球的新冠肺炎疫情也直接或间接地增加了各国的健康投资支出。因此，我国应加大健康人力资本的投资，以促进我国全球价值链地位的持续攀升，为国内经济提质增效、国内国际"双循环"良性互动发展提供坚实基础；随着价值链地位和经济发展水平的提高，我国应重视人口老龄化问题，处理好健康预期寿命提高与老年抚养负担加重的冲突，避免健康人力资本的价值链抑制效应凸显。例如，放开"二孩政策"的同时配合适当的鼓励措施，尊重个人意愿的基础上合理延长退休年龄等。要通过健全老年健康服务体系、探索长期护理保险制度等手段缩小"健康差距"，推动健康老龄化的实现，从而弱化健康人力资本的价值链抑制效应。

第六，积极发展数字经济。数字经济可以通过优化生产要素、降低交易成本、创造新的经济范式和商业模式等机制提高一国在全球价值链中的地位和生产及交易效率，能否抓住数字经济发展这一新的增长机遇，也是未来国际竞争的关键影响因素之一。可通过增加数字基础设施投资、数字人才培养提高数字化构建能力；加快建设数字政府，并提高政府的数字化治理能力；推动国际数字合作，实现数字化收益的共享。

177

8.3 研究展望

由于水平和时间有限，本书的研究也存在许多不足之处。第一，限于数据的可获得性，构建和分析全球价值链网络所使用的数据来源于2016版的WIOD，这是截至目前的最新版本，但其中数据只更新到2014年，数据略显陈旧。未来待数据库更新时，在我们能掌握2014年以后各年份投入产出数据后，希望能重点仿真比较中美贸易摩擦前后的全球价值链合作水平，以更为清晰地评估美国和中国这两个全球价值链网络的核心节点国家贸易摩擦对整个网络合作的影响。第二，新冠肺炎疫情对中国在全球价值链中地位影响的分析不够充分。第7章仅从新冠肺炎疫情引发的金融风险视角浅析了金融风险沿全球价值链网络传播的直接和间接机制及效应。虽然将全球价值链网络特征纳入理论和实证分析中可以部分考察全球价值链网络本身对新冠肺炎疫情通过金融风险沿网络传播的影响方向及程度，但无法较为直接和全面地研究新冠肺炎疫情对全球价值链合作及中国地位的影响。未来，随着有关疫情直接数据的完善，需要构建疫情在短期和长期、多渠道作用于全球和区域价值链合作的机制框架。第三，本书从宏观国家和中观产业层面构建了全球和区域价值链合作网络，并借助复杂网络方法分析了中国在各个价值链网络中地位的演变及影响因素，然而目前的分析并没有涉及微观企业层面。虽然微观企业参与全球价值链程度及地位的评估方法尚没有达成共识，但未来可以借助工业企业数据库或国泰安上市企业数据库，对某个重点行业的企业进行微观层面的考察以完善现有研究。第四，数字经济影响中国全球价值链地位的分析还有待进一步拓展。本研究仅从时间序列的角度进行了初探，后续可以关注省际或行业面板数据的分析，并对影响机制进行检验；也可以纳入数字贸易壁垒、数字治理等的影响。

参 考 文 献

［1］ 蔡伟宏、李惠娟：《中、日、韩服务贸易的东亚分工地位比较——基于增加值贸易的视角》，载于《经济经纬》2017 年第 5 期。

［2］ 陈正伟：《投入产出分析技术》，西南财经大学出版社 2013 年版。

［3］ 程淑佳、王肇钧：《复杂网络理论下世界原油贸易空间格局演进研究》，载于《地理科学》2011 年第 11 期。

［4］ 程盈莹、成东申：《中国国际垂直专业化程度再测度——基于全球价值链分解法》，载于《西华大学学报（哲学社会科学版）》2020 年第 3 期。

［5］ 崇泉：《新冠疫情对经济全球化与 WTO 的影响及中国的对策建议》，载于《国际贸易问题》2020 年第 6 期。

［6］ 戴翔、刘梦、张为付：《本土市场规模扩张如何引领价值链攀升》，载于《世界经济》2017 年第 9 期。

［7］ 戴翔、郑岚：《制度质量如何影响中国攀升全球价值链》，载于《国际贸易问题》2015 年第 12 期。

［8］ 丁一兵、张弘媛：《中美贸易摩擦对中国制造业全球价值链地位的影响》，载于《当代经济研究》2019 年第 1 期。

［9］ 董有德、唐云龙：《中国产业价值链位置的定量测算——基于上游度和出口国内增加值的分析》，载于《上海经济研究》2017 年第 2 期。

［10］ 杜运苏、彭冬冬：《全球增加值贸易网络地位提升——基于 2000～2014 年世界投入产出表》，载于《财贸经济》2018 年第 2 期。

［11］ 樊茂清、黄薇：《基于国家间投入产出模型的全球价值链分解方法：拓展与应用》，载于《南开经济研究》2016 年第 3 期。

［12］ 耿晔强、白力芳：《人力资本结构高级化、研发强度与制造业全球价值链升级》，载于《世界经济研究》2019 年第 8 期。

［13］ 顾振华、沈瑶：《知识产权保护、技术创新与技术转移——

基于全球价值链分工的视角》，载于《国际贸易问题》2015年第3期。

[14] 郭世泽、陆哲明：《复杂网络基础理论》，科学出版社2012年版。

[15] 韩剑、王灿：《自由贸易协定与全球价值链嵌入：对FTA深度作用的考察》，载于《国际贸易问题》2019年第2期。

[16] 洪俊杰、商辉：《国际贸易网络枢纽地位的决定机制研究》，载于《国际贸易问题》2019年第10期。

[17] 胡昭玲、张咏华：《中国制造业国际垂直专业化分工链条分析——基于非竞争型投入产出表的测算》，载于《财经科学》2012年第9期。

[18] 黄琼、李娜娜：《制造业全球价值链地位攀升影响因素分析——基于发达国家与发展中国家的比较》，载于《华东经济管理》2019年第1期。

[19] 黄先海、诸竹君、宋学印：《中国中间品进口企业"低加成率之谜"》，载于《管理世界》2016年第7期。

[20] 黄玉霞、谢建国：《垂直专业化分工与服务业全要素生产率——基于中国服务业分行业的实证研究》，载于《财经论丛》2019年第5期。

[21] 黎峰：《要素禀赋结构升级是否有利于贸易收益的提升？——基于中国的行业面板数据》，载于《世界经济研究》2014年第8期。

[22] 黎峰：《全球价值链下的国际分工地位：内涵及影响因素》，载于《国际经贸探索》2015年第9期。

[23] 鞠建东、林毅夫、王勇：《要素禀赋、专业化分工、贸易的理论与实证——与杨小凯、张永生商榷》，载于《经济学（季刊）》2004年第1期。

[24] 鞠建东、余心玎：《全球价值链上的中国角色——基于中国行业上游度和海关数据的研究》，载于《南开经济研究》2014年第3期。

[25] 鞠建东、余心玎：《全球价值链研究及国际贸易格局分析》，载于《经济学报》2014年第7期。

[26] 邝艳湘：《经济相互依赖与中美贸易摩擦：基于多阶段博弈

模型的研究》，载于《国际贸易问题》2010 年第 11 期。

［27］李大伟：《中日韩产业在全球价值链中的位势比较》，载于《宏观经济管理》2015 年第 4 期。

［28］李宏、陈圳：《制度约束与全球价值链地位提升：制度红利的门槛效应》，载于《现代财经：天津财经学院学报》2018 年第 2 期。

［29］李敬等：《特朗普税改的世界影响及我国对策》，载于《管理世界》2018 年第 2 期。

［30］李静：《初始人力资本匹配、垂直专业化与产业全球价值链跃迁》，载于《世界经济研究》2015 年第 1 期。

［31］李强、郑江淮：《基于产品内分工的我国制造业价值链攀升：理论假设与实证分析》，载于《财贸经济》2013 年第 9 期。

［32］李文秀、姚洋洋：《要素比例、技术差异与出口增加值——基于中美两国双边贸易出口的实证研究》，载于《财贸经济》2015 年第 6 期。

［33］梁经伟、文淑惠、李彦：《东亚制造业生产网络的变化特征研究——基于贸易网络的分析视角》，载于《世界地理研究》2019 年第 4 期。

［34］林毅夫、张鹏飞：《适宜技术、技术选择和发展中国家的经济增长》，载于《经济学（季刊）》2006 年第 4 期。

［35］刘海云、毛海欧：《国家国际分工地位及其影响因素——基于"GVC 地位指数"的实证分析》，载于《国际经贸探索》2015 年第 8 期。

［36］刘洪愧：《区域贸易协定对增加值贸易关联的影响——基于服务贸易的实证研究》，载于《财贸经济》2016 年第 8 期。

［37］刘宏曼、郎郸妮：《农业参与全球价值链分工的制度影响研究——基于世界投入产出表的跨国面板数据》，载于《国际商务——对外经济贸易大学学报》2019 年第 1 期。

［38］刘琳：《全球价值链、制度质量与出口品技术含量——基于跨国层面的实证分析》，载于《国际贸易问题》2015 年第 10 期。

［39］刘胜、顾乃华、陈秀英：《全球价值链嵌入、要素禀赋结构与劳动收入占比——基于跨国数据的实证研究》，载于《经济学家》2016 年第 3 期。

[40] 刘胜、申明浩：《行政审批制度改革与制造业企业全球价值链分工地位》，载于《改革》2019年第1期。

[41] 刘世锦、韩阳、王大伟：《基于投入产出架构的新冠肺炎疫情冲击路径分析与应对政策》，载于《管理世界》2020年第5期。

[42] 刘起运、陈璋、苏汝劼：《投入产出分析》，中国人民大学出版社2011年版。

[43] 刘志彪、张杰：《我国本土制造业企业出口决定因素的实证分析》，载于《经济研究》2009年第8期。

[44] 吕越、罗伟、刘斌：《异质性企业与全球价值链嵌入：基于效率和融资的视角》，载于《世界经济》2015年第8期。

[45] 罗伟、吕越：《外商直接投资对中国参与全球价值链分工的影响》，载于《世界经济》2019年第5期。

[46] 马风涛：《中国制造业全球价值链长度和上游度的测算及其影响因素分析——基于世界投入产出表的研究》，载于《世界经济研究》2015年第8期。

[47] 马述忠、任婉婉、吴国杰：《一国农产品贸易网络特征及其对全球价值链分工的影响——基于社会网络分析视角》，载于《管理世界》2016年第3期。

[48] 孟东梅、姜延书、何思浩：《中国服务业在全球价值链中的地位演变——基于增加值核算的研究》，载于《经济问题》2017年第1期。

[49] 孟祺：《全球公共卫生危机对中国参与全球价值链的影响》，载于《财经科学》2020年第5期。

[50] 苗东升：《系统科学精要》，中国人民大学出版社2016年版。

[51] 倪红福、龚六堂、陈湘杰：《全球价值链中的关税成本效应分析——兼论中美贸易摩擦的价格效应和福利效应》，载于《数量经济技术经济研究》2018年第8期。

[52] 裴长洪、刘斌：《中国对外贸易的动能转换与国际竞争新优势的形成》，载于《经济研究》2019年第5期。

[53] 彭澎、李佳熠：《OFDI与双边国家价值链地位的提升——基于"一带一路"沿线国家的实证研究》，载于《产业经济研究》2018年第6期。

［54］彭说龙、许少卓：《中国服务业出口贸易结构与趋势解析——基于全球价值链和世界投入产出表的考察》，载于《湖南农业大学学报（社会科学版）》2018年第8期。

［55］钱学锋、王备：《中间投入品进口、产品转换与企业要素禀赋结构升级》，载于《经济研究》2017年第1期。

［56］乔彬、张蕊、雷春：《高铁效应、生产性服务业集聚与制造业升级》，载于《经济评论》2019年第6期。

［57］乔小勇、王耕、郑晨曦：《我国服务业及其细分行业在全球价值链中的地位研究——基于"地位—参与度—显性比较优势"视角》，载于《世界经济研究》2017年第2期。

［58］任永磊：《中日韩制造业在全球价值链的地位和分工程度比较分析》，载于《未来与发展》2017年第2期。

［59］沈国兵、徐源晗：《疫情全球蔓延对我国进出口和全球产业链的冲击及应对举措》，载于《四川大学学报》2020年第4期。

［60］盛斌、景光正：《金融结构、契约环境与全球价值链地位》，载于《世界经济》2019年第4期。

［61］宋辉、刘新建：《中国能源利用投入产出分析》，中国市场出版社2013年版。

［62］孙天阳等：《制造业全球价值链网络的拓扑特征及影响因素——基于WWZ方法和社会网络的研究》，载于《管理评论》2018年第9期。

［63］孙天阳、许和连、吴钢：《基于复杂网络的世界高端制造业贸易格局分析》，载于《世界经济与政治论坛》2014年第2期。

［64］荷泰斯·滕亚著，胡金有译：《投入产出分析经济学》，经济管理出版社2012年版。

［65］陶锋、杨雨清、邱洋冬：《跨国网络、制度质量与贸易强国建设——兼谈"一带一路"倡议》，载于《国际经贸探索》2019年第5期。

［66］唐海燕、张会清：《产品内国际分工与发展中国家的价值链提升》，载于《经济研究》2009年第9期。

［67］屠年松、曹宇芙：《知识产权保护对服务业全球价值链地位的影响研究——基于OECD国家面板数据的实证研究》，载于《软科

学》2019年第6期。

[68] 田文、张亚青、佘珉:《全球价值链重构与中国出口贸易的结构调整》，载于《国际贸易问题》2015年第3期。

[69] 童伟伟:《FTA深度、灵活度与中国全球价值链分工参与程度》，载于《国际经贸探索》2019年第12期。

[70] 王博、陈诺、林桂军:《"一带一路"沿线国家制造业增加值贸易网络及其影响因素》，载于《国际贸易问题》2019年第3期。

[71] 王晨曦、邱波涛:《国际标准产业分类体系的批发和零售业分类演化》，载于《统计与决策》2013年第22期。

[72] 王欠欠、夏杰长:《服务业全球价值链位置提升与制造业技术进步》，载于《世界经济研究》2019年第5期。

[73] 王维红:《金融危机沿国际贸易网络跨国传播研究:基于复杂网络理论》，北京企业管理出版社2012年版。

[74] 王彦芳、陈淑梅:《全球价值链视角下中国制造业出口贸易网络格局分析》，载于《当代财经》2017年第7期。

[75] 王毅:《金融危机在国际贸易网络中跨国传播效应分析及其免疫策略研究》，载于《改革与战略》2016年第12期。

[76] 王永进等:《基础设施如何提升了出口技术复杂度?》，载于《经济研究》2010年第7期。

[77] 汪晓文、李明、张云晟:《中国产业结构演进与发展:70年回顾与展望》，载于《经济问题》2019年第8期。

[78] 文雷等:《国际贸易网络:增加值贸易和总贸易的比较》，载于《国际商务研究》2018年第5期。

[79] 吴宗柠等:《双曲空间下国际贸易网络建模与分析——以小麦国际贸易为例》，载于《复杂系统与复杂性科学》2018年第1期。

[80] 夏杰长、倪红福:《服务贸易作用的重新评估:全球价值链视角》，载于《财贸经济》2017年第11期。

[81] 谢逢洁:《复杂网络上的博弈》，清华大学出版社2016年版。

[82] 谢逢洁等:《博弈参与水平对无标度网络上合作行为演化的影响》，载于《中国管理科学》2017年第5期。

[83] 辛娜、袁红林:《全球价值链嵌入与全球高端制造业网络地位:基于增加值贸易视角》，载于《改革》2019年第3期。

[84] 许和连、孙天阳：《TPP 背景下世界高端制造业贸易格局演化研究——基于复杂网络的社团分析》，载于《国际贸易问题》2015 年第 8 期。

[85] 许和连、成丽红、孙天阳：《离岸服务外包网络与服务业全球价值链提升》，载于《世界经济》2018 年第 6 期。

[86] 许和连、孙天阳、成丽红：《"一带一路"高端制造业贸易格局及影响因素研究——基于复杂网络的指数随机图分析》，载于《财贸经济》2015 年第 12 期。

[87] 闫云凤：《中日韩在全球价值链中的地位和作用——基于贸易增加值的测度与比较》，载于《世界经济研究》2015 年第 1 期。

[88] 闫云凤：《中日韩服务业在全球价值链中的竞争力比较》，载于《现代日本经济》2018 年第 1 期。

[89] 杨杰：《中国 35 个行业全球价值链嵌入位置与增值能力关系研究——兼与美日韩的对比》，载于《国际经贸探索》2016 年第 9 期。

[90] 杨涵新、汪秉宏：《复杂网络上的演化博弈研究》，载于《上海理工大学学报》2012 年第 2 期。

[91] 杨仁发、李娜娜：《产业集聚、FDI 与制造业全球价值链地位》，载于《国际贸易问题》2018 年第 6 期。

[92] 杨珍增：《知识产权保护、国际生产分割与全球价值链分工》，载于《南开经济研究》2014 年第 5 期。

[93] 于国辉：《国有企业创新发展的历史经验与优化路径》，载于《现代国企研究》2019 年第 6 期。

[94] 余海燕、沈桂龙：《对外直接投资对母国全球价值链地位影响的实证研究》，载于《世界经济研究》2020 年第 3 期。

[95] 袁建文：《投入产出分析实验教程》，格致出版社、上海人民出版社 2011 年版。

[96] 曾铮、张亚斌：《价值链的经济学分析及其政策借鉴》，载于《中国工业经济》2005 年第 5 期。

[97] 张鸿韬：《美国贸易保护主义政策对全球价值链的挑战与中国应对》，载于《现代经济探讨》2019 年第 9 期。

[98] 张会清：《人民币升值、商品异质性与出口结构调整》，载于《国际贸易问题》2015 年第 2 期。

［99］张杰、刘志彪：《制度约束、全球价值链嵌入与我国地方产业集群升级》，载于《当代财经》2008 年第 9 期。

［100］张为付、戴翔：《中国全球价值链分工地位改善了吗？——基于改进后出口上游度的再评估》，载于《中南财经政法大学学报》2017 年第 4 期。

［101］赵昌平等：《南海利益相关体贸易合作复杂网络博弈仿真》，载于《大连海事大学学报》2018 年第 2 期。

［102］赵昌平等：《基于非对称 QRE 模型的北极航线经济圈合作研究》，载于《华中师范大学学报（自然科学版）》2018 年第 5 期。

［103］赵昌平等：《基于"拉宾模型"的"一带一路"贸易网络博弈仿真》，载于《大连海事大学学报》2018 年第 3 期。

［104］赵昌平等：《基于不平等厌恶函数的 RCEP 合作的网络博弈仿真》，载于《数学的实践与认识》2018 年第 11 期。

［105］赵昌平、徐晓江：《中日在 RCEP 贸易网络中的影响力比较与对策研究》，载于《东北亚经济研究》2019 年第 5 期。

［106］赵君丽、肖婕：《新冠肺炎疫情对我国全球价值链地位的影响》，载于《中国经贸导刊》2020 年第 3 期。

［107］郑丹青：《对外直接投资与全球价值链分工地位——来自中国微观企业的经验证据》，载于《国际贸易问题》2019 年第 8 期。

［108］郑丽楠、马子红、李昂：《OFDI 与制造业价值链地位提升——基于"一带一路"沿线国家面板数据的研究》，载于《科学决策》2020 年第 5 期。

［109］钟惠芸：《中国服务业在全球价值链上的角色研究：基于行业上游度的视角》，载于《重庆理工大学学报（社会科学版）》2018 年第 5 期。

［110］周靖等：《国际贸易网络上经济危机传播的仿真分析与研究》，载于《计算机应用研究》2018 年第 1 期。

［111］周玲玲、张恪渝：《特朗普税改对中美价值链重构的影响》，载于《财贸经济》2019 年第 11 期。

［112］周彦霞、郭一文：《中日制造业全球价值链地位测度及其比较分析》，载于《财经理论研究》2017 年第 2 期。

［113］王弟海、崔小勇、龚六堂：《健康在经济增长和经济发展中

的作用——基于文献研究的视角》，载于《经济学动态》2015 年第 8 期。

[114] 张颖熙、夏杰长：《健康预期寿命提高如何促进经济增长？——基于跨国宏观数据的实证研究》，载于《管理世界》2020 年第 10 期。

[115] 崔岩、于津平：《"一带一路"国家交通基础设施质量与中国货物出口》，载于《当代财经》2017 年第 11 期。

[116] 续继、唐琦：《数字经济与国民经济核算文献评述》，载于《经济学动态》2019 年第 10 期。

[117] 关会娟等：《中国数字经济产业统计分类问题研究》，载于《统计研究》2020 年第 12 期。

[118] 陈亮、孔晴：《中国数字经济规模的统计测度》，载于《统计与决策》2021 年第 17 期。

[119] 中国信息通信研究院：《中国数字经济发展与就业白皮书（2019）》，中国信通院官网，2019 年 4 月，http：//www.caict.ac.cn/kxyj/qwfb/bps/201904/t20190417_197904.htm。

[120] 朱发仓、乐冠岚、李倩倩：《数字经济增加值规模测度》，载于《调研世界》2021 年第 2 期。

[121] 杨仲山、张美慧：《数字经济卫星账户：国际经验及中国编制方案的设计》，载于《统计研究》2019 年第 5 期。

[122] 向书坚、吴文君：《中国数字经济卫星账户框架设计研究》，载于《统计研究》2019 年第 10 期。

[123] 王喆、陈胤默、张明：《测度全球数字经济发展：基于 TIMG 指数的特征事实》，载于《金融评论》2021 年第 6 期。

[124] 王军、朱杰、罗茜：《中国数字经济发展水平及演变测度》，载于《数量经济技术经济研究》2021 年第 7 期。

[125] 万晓榆、罗焱卿：《数字经济发展水平测度及其对全要素生产率的影响效应》，载于《改革》2022 年第 1 期。

[126] 盛斌、刘宇英：《中国数字经济发展指数的测度与空间分异特征研究》，载于《南京社会科学》2022 年第 1 期。

[127] 巫景飞、汪晓月：《基于最新统计分类标准的数字经济发展水平测度》，载于《统计与决策》2022 年第 3 期。

［128］陆建栖、任文龙：《数字经济推动文化产业高质量发展的机制与路径——基于省级面板数据的实证检验》，载于《南京社会科学》2022年第5期。

［129］安强身、刘俊杰：《数字经济发展与地区全要素生产率提升——基于中国省际面板数据的实证检验》，载于《长安大学学报（社会科学版）》2022年第2期。

［130］朱喜安、魏国栋：《熵值法中无量纲化方法优良标准的探讨》，载于《统计与决策》2015年第2期。

［131］Abe K.，Wilson J. S.. Governance，Corruption，and Trade in the Asia Pacific Region. The World Bank Policy Research Working Paper，WPS4731，2008.

［132］Abramson G.，Kuperman M.. Social Games in A Social Network. *Physical Review E*，Vol. 63，No. 3，2001.

［133］Akerman A.，Seim A. L.. The Global Arms Trade Network 1950 – 2007. *Journal of Comparative Economics*，Vol. 42，No. 3，August 2014，pp. 535 – 551.

［134］Alexander E. R.. NAFTA，Globalization and Free Trade：Can the US Maintain Leadership in the World Economy? *Bridgewater Review*，Vol. 37，No. 1，2018，pp. 11 – 15.

［135］Amador，J.，Cappariello，R.，Stehrer，R.. Global Value Chains：A View from the Euro Area. *Asian Economic Journal*，Vol. 29，No. 2，2015，pp. 99 – 120.

［136］Amador J.，Cabral S.. Networks of Value-added Trade. *The World Economy*，Vol. 40，No. 7，2017，pp. 1291 – 1313.

［137］Antràs P.，Chor D.，Fally T.，et al. Measuring the Upstreamness of Production and Trade Flows. *American Economic Review*，Vol. 102，No. 3，2012，pp. 412 – 416.

［138］Athukorala P.. Production Networks and Trade Patterns in East Asia：Regionalization or Globalization? *Asian Economic Papers*，Vol. 10，No. 1，2011，pp. 65 – 95.

［139］Barabási A. L.，Albert R.. Emergence of Scaling in Random Networks，*Science*，Vol. 286，No. 5439，1999，pp. 509 – 512.

［140］Bodachivskyi I. , Kuzhiumparambil U. , Williams D. B. G. .
Acid-catalyzed Conversion of Carbohydrates into Value-added Small Molecules
in Aqueous Media and Ionic Liquids. *ChemSusChem*, Vol. 11 , No. 4 , February 2018 , pp. 642 – 660.

［141］Bouët A. , Laborde D. . US Trade Wars in the Twenty-first Century with Emerging Countries: Make America and Its Partners Lose Again.
The World Economy, Vol. 41 , No. 9 , 2018 , pp. 2276 – 2319.

［142］Cai H. , Song Y. . The State's Position in International Agricultural Commodity Trade. *China Agricultural Economic Review*, Vol. 8 , No. 3 ,
2016 , pp. 430 – 442.

［143］Cepeda – López F. , Gamboa – Estrada F. , León C. , et
al. The Evolution of World Trade from 1995 to 2014: A Network Approach. *The Journal of International Trade & Economic Development*, Vol. 28 ,
No. 4 , 2019 , pp. 452 – 485.

［144］Cerina F. , Zhu Z. , Chessa A. , Riccaboni M. . World Input-output Network. *PloS One*, Vol. 10 , No. 7 , 2015 , e0134025.

［145］Cheng K. C. , Hong G. H. , Seneviratne D. , et al. Rethinking
the Exchange Rate Impact on Trade in a World with Global Value Chains. *International Economic Journal*, Vol. 30 , No. 2 , 2016 , pp. 204 – 216.

［146］Cheung K. , Ping L. . Spillover Effects of FDI on Innovation in
China: Evidence from the Provincial Data. *China Economic Review*, Vol. 15 ,
No. 1 , 2004 , pp. 25 – 44.

［147］Darman K. H. . United States – China Trade War and Its Implications to Indonesia's Economy and the World. *Journal of Critical Reviews*,
Vol. 6 , No. 4 , 2019 , pp. 23 – 26.

［148］De Backer K. , Miroudot S. . Mapping Global Value Chains.
OECD Trade Policy Papers, No. 159 , 2013.

［149］De Benedictis L. , Tajoli L. . The World Trade Network. *The
World Economy*, Vol. 34 , No. 8 , 2011 , pp. 1417 – 1454.

［150］Dean J. M. , Fung K. C. , Wang Z. . Measuring Vertical Specialization: The Case of China. *Review of International Economics*, Vol. 19 ,
No. 4 , 2011 , pp. 609 – 625.

［151］ Deb, K., Sengupta, B.. Value-added Trade and Empirical Distributions of RCA Indices. *Journal of Quantitative Economics*, Vol. 16, No. 1, 2018, pp. 235 – 264.

［152］ Distefano T., Laio F., Ridolfi L., et al. Shock Transmission in the International Food Trade Network *Plos One*, Vol. 13, No. 8, 2018, e0200639.

［153］ Driffield N., Love J. H.. Foreign Direct Investment, Technology Sourcing and Reverse Spillovers. *The Manchester School*, Vol. 71, No. 6, 2003, pp. 659 – 672.

［154］ Ernst, D.. From Partial to Systemic Globalization: International Production Networks in the Electronics Industry. *Berkeley Roundtable on the International Economy*, *University of California at Berkeley*, Working Paper, No. 98, 1997.

［155］ Lee, E. Y., Yoon, K. H.. Epidemic Obesity in Children and Adolescents: Risk Factors and Prevention. *Frontiers of Medicine*, Vol. 12, No. 6, 2018, pp. 658 – 666.

［156］ Evans O.. The Effects of US – China Trade War and Trumponomics. *Forum Scientiae Oeconomia*, Vol. 7, No. 1, 2019, pp. 47 – 55.

［157］ Falkner, N. M., Hince, D., Porter, G., et al. Added Value of Second Biopsy Target in Screen-detected Widespread Suspicious Breast Calcifications. *Journal of Medical Imaging and Radiation Oncology*, Vol. 62, No. 3, 2018, pp. 299 – 306.

［158］ Fally T. On the Fragmentation of Production in the US. University of Colorado Mimeo, 2011.

［159］ Fath B. D., Scharler U. M., Baird D.. Dependence of Network Metrics on Model Aggregation and Throughflow Calculations: Demonstration Using the Sylt – Rømø Bight Ecosystem. *Ecological Modelling*, Vol. 252, 2013, pp. 214 – 219.

［160］ Ferrarini B.. Vertical Trade Maps. *Asian Economic Journal*, Vol. 27, No. 2, 2013, pp. 105 – 123.

［161］ Fuchs V. R.. The Contribution of Health Services to the American Economy. *The Milbank Memorial Fund Quarterly*, Vol. 44, No. 4, 1996, pp. 65 – 103.

[162] Gardner H. H. , Gardner B. D. . Health As Human Capital: Theory and Implications. HCMS Group, A New Management Paradigm, 2012.

[163] Garlaschelli D. , Loffredo M. I. . Patterns of Link Reciprocity in Directed Networks. *Physical Review Letters*, Vol. 93, No. 26, 2004, 268701.

[164] Gonzalo, J. D. , Graaf, D. , Ahluwalia, A. , et al. A Practical Guide for Implementing and Maintaining Value-added Clinical Systems Learning Roles for Medical Students Using a Diffusion of Innovations Framework. *Advances in Health Sciences Education*, Vol. 23, No. 4, 2018, pp. 699 – 720.

[165] Gonzalo, J. D. , Wolpaw, D. , Graaf, D. , et al. Educating Patient-centered, Systems-aware Physicians: A Qualitative Analysis of Medical Student Perceptions of Value-added Clinical Systems Learning Roles. *BMC Medical Education*, Vol. 18, No. 1, 2018, P. 248.

[166] Grossman M. . On the Concept of Health Capital and the Demand for Health. *Journal of Political Economy*, Vol. 80, No. 2, 1972, pp. 223 – 255.

[167] H. L. Kee, H. Tang. Domestic Value Added in Exports: Theory and Firm Evidence from China. *American Economic Review*, Vol. 106, No. 6, June 2016, pp. 1402 – 1436.

[168] Hummels D. , Ishii J. , Yi K. M. . The Nature and Growth of Vertical Specialization in World Trade. *Journal of International Economics*, Vol. 54, No. 1, 2001, pp. 75 – 96.

[169] Ito T. , Rotunno L. , Vézina P. L. . Heckscher – Ohlin: Evidence from Virtual Trade in Value Added. *Review of International Economics*, Vol. 25, No. 3, 2017, pp. 427 – 446.

[170] Ji Q. , Zhang H. Y. , Fan Y. . Identification of Global Oil Trade Patterns: An Empirical Research Based on Complex Network Theory. *Energy Conversion and Management*, Vol. 85, 2014, pp. 856 – 865.

[171] Kitamura, T. , Managi, S. . Driving Force and Resistance:

191

Network Feature in Oil Trade. *Applied Energy*, Vol. 208, 2017, pp. 361 – 375.

[172] Koopman R. B., Wang Z., Wei S. J.. Give Credit to Where Credit is Due: Tracing Value Added in Global Production. NBER Working Paper, No. 16426, 2010.

[173] Koopman R. B., Wang Z., Wei S. J.. Estimating Domestic Content in Exports When Processing Trade is Pervasive. *Journal of Development Economics*, Vol. 99, No. 1, 2012, pp. 178 – 189.

[174] Koopman R. B., Wang Z., Wei S. J.. Tracing Value-added and Double Counting in Gross Exports. *American Economic Review*, Vol. 104, No. 2, 2014, pp. 459 – 494.

[175] Kossinets G., Watts D. J.. Empirical Analysis of an Evolving Social Network, *Science*, Vol. 311, No. 5757, 2006, pp. 88 – 90.

[176] Lall S.. The Technological Structure and Performance of Developing Country Manufactured Exports, 1985 – 98. *Oxford Development Studies*, Vol. 28, No. 3, 2000, pp. 337 – 369.

[177] Levchenko A. A.. Institutional Quality and International Trade. *The Review of Economic Studies*, Vol. 74, No. 3, 2007, pp. 791 – 819.

[178] Liu L., Mei S.. Visualizing the GVC Research: A Co-occurrence Network Based Bibliometric Analysis. *Scientometrics*, Vol. 109, No. 2, 2016, pp. 953 – 977.

[179] Long T., Pan H., Dong C., et al. Exploring the Competitive Evolution of Global Wood Forest Product Trade Based on Complex Network Analysis. *Physica A: Statistical Mechanics and Its Applications*, No. 525, 2019, pp. 1224 – 1232.

[180] Luce R. D., Perry A. D.. A Method of Matrix Analysis of Group Structure. *Psychometrika*, Vol. 14, No. 2, 1949, pp. 95 – 116.

[181] Masuda N.. Participation Costs Dismiss the Advantage of Heterogeneous Networks in Evolution of Cooperation. *Proceedings of the Royal Society B: Biological Sciences*, Vol. 274, No. 1620, 1992, pp. 1815 – 1821.

[182] Mushkin S. J.. Health as An Investment. *Journal of Political*

Economy, Vol. 70, No. 5, 1962, pp. 129 – 157.

[183] Newman M. E. J.. Mixing Patterns in Networks. *Physical Review E*, Vol. 67, No. 2, 2003, 26126.

[184] Newman M. E. J.. Assortative Mixing in Networks. *Physical Review Letters*, Vol. 89, No. 20, 2002, 208701.

[185] Noland, M.. Protectionism Under Trump: The China Shock, Deplorables, and the First White President. *Asian Economic Policy Review*, Vol. 15, No. 1, 2020, pp. 31 – 50.

[186] Nowak M. A., May R. M.. Evolutionary Games and Spatial Chaos. *Nature*, Vol. 359, No. 6398, 1992, pp. 826 – 829.

[187] Nunn N.. Relationship – Specificity, Incomplete Contracts, and the Pattern of Trade. *The Quarterly Journal of Economics*, Vol. 122, No. 2, 2007, pp. 569 – 600.

[188] Oka, C.. Brands as Labour Rights Advocates? Potential and Limits of Brand Advocacy in Global Supply Chains. *Business Ethics: A European Review*, Vol. 27, No. 2, 2018, pp. 95 – 107.

[189] Olorunfemi, O. D., Olorunfemi, T. O., Oladele, O. I., & Adekunle, O. A.. Determinants of Extension Agents' Competency on Value Added Fish Production: Evidence from Nigeria. *The Journal of Developing Areas*, Vol. 52, No. 3, 2018, pp. 15 – 25.

[190] Park S. C.. US Protectionism and Trade Imbalance between the US and Northeast Asian Aountries. *International Organisations Research Journal*, Vol. 13, No. 2, 2018, pp. 76 – 100.

[191] Pommier, B., Quesada, C., Fauchon, C., et al. Added Value of Multiple Versus Single Sessions of Repetitive Transcranial Magnetic Stimulation in Predicting Motor Cortex Stimulation Efficacy for Refractory Neuropathic Pain. *Journal of Neurosurgery*, Vol. 130, No. 5, 2018, pp. 1750 – 1761.

[192] Posen A. S.. The Post – American World Economy: Globalization in the Trump Era. *Foreign Affairs*, No. 97, 2018, P. 28.

[193] Prelipcean G., Bucătar D. G.. Rising Protectionism within the Global Economy. *Ovidius University Annals, Economic Sciences Series*,

Vol. 19, No. 1, 2019, pp. 290 – 298.

[194] Romalis J.. Factor Proportions and the Structure of Commodity Trade. *American Economic Review*, Vol. 94, No. 1, 2004, pp. 67 – 97.

[195] Santos F. C., Pacheco J. M.. Scale-free Networks Provide A Unifying Framework for the Emergence of Cooperation. *Physical Review Letters*, Vol. 95, No. 9, 2005.

[196] Schultz T. W.. Investment in Human Capital. *The American Economic Review*, Vol. 51, No. 1, 1961, pp. 1 – 17.

[197] Serrano M. A., Boguná M.. Topology of the World Trade Web. *Physical Review E*, Vol. 68, No. 1, 2003.

[198] Sheng L., Yang D. T.. Expanding Export Variety: The Role of Institutional Reforms in Developing Countries. *Journal of Development Economics*, Vol. 118, 2016, pp. 45 – 58.

[199] Snyder D., Kick E. L.. Structural Position in the World System and Economic Growth, 1955 – 1970: A Multiple – Network Analysis of Transnational Interactions. *American Journal of Sociology*, Vol. 84, No. 5, 1979, pp. 1096 – 1126.

[200] Soeters, H. M., Koivogui, L., de Beer, L., et al. Infection Prevention and Control Training and Capacity Building During the Ebola Epidemic in Guinea. *Plos One*, Vol. 13, No. 2, 2018, e0193291.

[201] Szabó G., T., Hoke C.. Evolutionary Prisoner's Dilemma Game on A Square Lattice. *Physical Review E*, Vol. 58, No. 1, 1998, P. 69.

[202] Taglioni D., Winkler D. E.. Making Global Value Chains Work for Development. Trade and Development. Washington, D. C.: *World Bank Group*. 2016, pp. 104 – 106.

[203] Tesfatsion L.. A Trade Network Game with Endogenous Partner Selection. In: Amman, H., Rustem, B., Whinston, A. (eds) *Computational Approaches to Economic Problems. Advances in Computational Economics*, Vol. 6. Springer, Boston, MA. 1997, pp. 249 – 269.

[204] Timmermans, B., Achten, W. M.. From Value-added Tax to A Damage and Value – Added Tax Partially Based on Life Cycle Assessment:

Arinciples and Feasibility. *The International Journal of Life Cycle Assessment*, Vol. 23, No. 11, 2018, pp. 2217 – 2247.

[205] Tong S. Y. , Zheng Y. . China's Trade Acceleration and the Deepening of An East Asian Regional Production Network. *China & World Economy*, Vol. 16, No. 1, 2008, pp. 66 – 81.

[206] Trefler D. , Zhu S. C. . The Structure of Factor Content Predictions. *Journal of International Economics*, Vol. 82, No. 2, 2010, pp. 195 – 207.

[207] Walmsley, J. , Strnadová, I. , Johnson, K. . The Added Value of Inclusive Research. *Journal of Applied Research in Intellectual Disabilities*, Vol. 31, No. 5, 2018, pp. 751 – 759.

[208] Xin, F. , Dong, W. , Jiang, Y. et al. Recent Advances on Conversion and Co-production of Acetone – Butanol – Ethanol into High Value – Added Bioproducts. *Critical Reviews in Biotechnology*, Vol. 38, No. 4, 2018, pp. 529 – 540.

[209] Yalcin E. , Felbermayr G. , Steininger M. . Global Impact of A Protectionist US Trade Policy. Ifo Institute, Leibniz Institute for Economic Research at the University of Munich, Ifo Center for International Economics, October 2017.

[210] Yang Y. , Poon J. P. H. , Liu Y. , et al. Small and Flat Worlds: A Somplex Network Analysis of International Trade in Crude Oil. *Energy*, Vol. 93, 2015, pp. 534 – 543.

[211] Yeung H. W. . State-led Development Reconsidered: the Political Economy of State Transformation in East Asia Since the 1990s. *Cambridge Journal of Regions, Economy and Society*, Vol. 10, No. 1, 2017, pp. 83 – 98.

[212] Zhao, C. , Li, R. , Gong, Y. , Xu, X. . Study on the Asymmetric QRE Network Game Simulation of the South China Sea Route Trade Cooperation. *Marine Policy*, No. 111, 2020, 103724.

[213] Zhu, Z. , Puliga, M. , Cerina, F. , Chessa, A. , Riccaboni, M. . Global Value Trees. *PLos One*, Vol. 10, No. 5, 2015, pp. 1 – 17.

[214] Caselli F. , Coleman I. I. , John W. The World Technology

195

Frontier. *The American Economic Review*, 2006, 96 (3): 499 – 522.

[215] Van Zon A. H. , Muysken. J. . Health and Endogenous Growth. *Journal of Health Economics*, 2001, 20 (2): 169 – 185.

[216] Roger M. , Wasmer M. . Heterogeneity Matters: Labour Productivity Differentiated by Age and Skills. Institut National De La Statistique Et Des Études Économiques Working Paper, 2011.

[217] Cai J. , Stoyanov A. . Population Aging and Comparative Advantage. *Journal of International Economics*, 2016, 102: 1 – 21.

[218] Walmsley T. . Trade and Sectoral Impacts of the Global Financial Crisis—A Dynamic Computable Generale Quilibrium Analysis. United Nations, 2013, pp. 281 – 307.

[219] G. Peters, R. Andrew, J. Lennox. Constructing An Environmentally – Extended Multi – Regional Input – Output Table Using The Gtap Database. *Economic Systems Research*, 2011, 23 (2): 131 – 152.

[220] Barefoot K. , Curtis D. , Jolliff W. , et al. Defining and Measuring the Digital Economic, https: //www. bea. gov/system/files/papers/ WP2018 – 4. pdf.

[221] Australian Bureau of Statistics. Measuring Digital Activities in the Australian Economy, https: //www. abs. gov. au/statistics/research/measuring-digital-activities-australian-economy, 2019. 2. 27.

[222] Australian Bureau of Statistics. Australian National Accounts: Information and Communication Technology Satellite Account, 2006.

[223] OECD. OECD Digital Economy Outlook 2017, Paris: OECD Publishing, 2017.

附　　录

年份	出度值	入度值	出度中心性值	入度中心性值	出接近度中心性值	入接近度中心性值
2005	7	2	0.78	0.22	3.50	1.00
2006	6	2	0.67	0.22	3.00	1.25
2007	6	2	0.67	0.22	3.00	1.00
2008	7	1	0.78	0.11	3.75	0.50
2009	6	1	0.67	0.11	3.00	0.50
2010	6	1	0.67	0.11	3.00	0.50
2011	7	1	0.78	0.11	3.50	0.50
2012	7	1	0.78	0.11	3.50	0.50
2013	8	1	0.89	0.11	4.00	0.50
2014	8	1	0.89	0.11	4.00	0.50
2015	8	0	0.89	0.00	4.00	0.00

附表2　　WIOD（2016）中的行业编码与《国民经济行业分类》
的行业编码及名称对照表

WIOD（2016）数据库中的行业编码	《国民经济行业分类》的行业编码及名称
A01*	作物和畜牧生产、狩猎和相关活动（C01）
A02	林业与伐木业（C02）
A03*	渔业与水产业（C03）
B*	采矿与采石业（C04）
C10～C12*	食品、饮料和烟草制品的制造业（C05）
C13～C15	纺织品、服装以及皮革和相关产品的制造业（C06）

WIOD（2016）数据库中的行业编码	《国民经济行业分类》的行业编码及名称
C16	木材、木材制品及软木制品的制造（家具除外），草编制品及编织材料物品的制造业（C07）
C17	纸和纸制品的制造业（C08）
C18	记录媒介物的印制及复制（C09）
C19 *	焦炭和精炼石油产品的制造业（C10）
C20	化学品及化学制品的制造业（C11）
C21	基本医药产品和医药制剂的制造业（C12）
C22	橡胶和塑料制品的制造业（C13）
C23	其他非金属矿物制品的制造业（C14）
C24 *	基本金属的制造业（C15）
C25	金属制品的制造业，但机械设备除外（C16）
C26 *	计算机、电子产品和光学产品的制造业（C17）
C27	电力设备的制造业（C18）
C28 *	未另分类的机械和设备的制造业（C19）
C29 *	汽车、挂车和半挂车的制造业（C20）
C30	其他运输设备的制造业（C21）
C31 ~ C32	家具的制造和其他制造业（C22）
C33	机械和设备的修理和安装（C23）
D35 *	电、煤气、蒸汽和空调的供应（C24）
E36	集水、水处理与水供应（C25）
E37 ~ E39	污水处，废物的收集、处理和处置活动，材料回收，补救活动和其他废物管理服务（C26）
F	建筑业（C27）
G45	批发和零售业以及汽车和摩托车的修理（C28）
G46 *	批发贸易，但汽车和摩托车除外（C29）
G47 *	零售贸易，但汽车和摩托车除外（C30）
H49 *	陆路运输与管道运输（C31）

WIOD（2016）数据库中的行业编码	《国民经济行业分类》的行业编码及名称
H50	水上运输（C32）
H51	航空运输（C33）
H52*	运输的储藏和辅助活动（C34）
H53	邮政和邮递活动（C35）
I*	食宿服务活动（C36）
J58	出版活动（C37）
J59~J60	电影、录像和电视节目的制作，录音及音乐作品出版活动，电台和电视广播（C38）
J61*	电信（C39）
J62~J63*	计算机程序设计、咨询及相关活动，信息服务活动（C40）
K64*	金融服务活动，保险和养恤金除外（C41）
K65	保险、再保险和养恤金，但强制性社会保障除外（C42）
K66	金融保险服务及其附属活动（C43）
L68*	房地产活动（C44）
M69~M70*	法律和会计活动，总公司的活动，管理咨询活动（C45）
M71	建筑和工程活动，技术测试和分析（C46）
M72	科学研究与发展（C47）
M73	广告业和市场调研（C48）
M74~M75*	其他专业、科学和技术活动，兽医活动（C49）
N	行政和辅助活动（C50）
O84	公共管理与国防，强制性社会保障（C51）
P85	教育（C52）
Q	人体健康和社会工作活动（C53）
R~S*	其他服务活动（C54）
T	家庭作为雇主的活动，家庭自用、未加区分的物品生产和服务活动（C55）
U	国际组织和机构的活动（C56）

注：加 * 号的即为出现在图 4-2 的全球价值树中的行业。

附表3　　2001～2013 年作为中间投入和作为最终产出对网络中
其他所有产业贡献总量前十位的行业及其对应国家

2001 年				
排序	作为中间投入		作为最终产出	
	产业	所属国家	产业	所属国家
第 1 位	批发贸易，但汽车和摩托车除外	俄罗斯	焦炭和精炼石油产品的制造业	丹麦
第 2 位	行政和辅助活动	美国	家庭作为雇主的活动，家庭自用、未加区分的物品生产和服务活动	日本
第 3 位	采矿与采石业	挪威	广告业和市场调研	加拿大
第 4 位	采矿与采石业	俄罗斯	金融保险服务及其附属活动	塞浦路斯
第 5 位	批发贸易，但汽车和摩托车除外	美国	水上运输	比利时
第 6 位	法律和会计活动，总公司的活动，管理咨询活动	美国	金融服务活动，保险和养恤金除外	马耳他
第 7 位	批发贸易，但汽车和摩托车除外	德国	保险、再保险和养恤金，但强制性社会保障除外	墨西哥
第 8 位	化学品及化学制品的制造业	德国	焦炭和精炼石油产品的制造业	墨西哥
第 9 位	行政和辅助活动	法国	航空运输	波兰
第 10 位	行政和辅助活动	墨西哥	食品、饮料和烟草制品的制造业	印度
2002 年				
排序	作为中间投入		作为最终产出	
	产业	所属国家	产业	所属国家
第 1 位	批发贸易，但汽车和摩托车除外	俄罗斯	家庭作为雇主的活动，家庭自用、未加区分的物品生产和服务活动	日本
第 2 位	行政和辅助活动	美国	广告业和市场调研（c48）	卢森堡
第 3 位	采矿与采石业	俄罗斯	金融保险服务及其附属活动	塞浦路斯
第 4 位	采矿与采石业	挪威	水上运输	比利时

	2002 年			
排序	作为中间投入		作为最终产出	
	产业	所属国家	产业	所属国家
第 5 位	批发贸易，但汽车和摩托车除外	德国	金融服务活动，保险和养恤金除外	马耳他
第 6 位	法律和会计活动，总公司的活动，管理咨询活动	美国	焦炭和精炼石油产品的制造业	丹麦
第 7 位	化学品及化学制品的制造业	德国	广告业和市场调研	加拿大
第 8 位	批发贸易，但汽车和摩托车除外	美国	采矿与采石业	马耳他
第 9 位	行政和辅助活动	法国	焦炭和精炼石油产品的制造业	捷克
第 10 位	行政和辅助活动	墨西哥	食品、饮料和烟草制品的制造业	印度

	2003 年			
排序	作为中间投入		作为最终产出	
	产业	所属国家	产业	所属国家
第 1 位	批发贸易，但汽车和摩托车除外	俄罗斯	家庭作为雇主的活动，家庭自用、未加区分的物品生产和服务活动	日本
第 2 位	采矿与采石业	俄罗斯	广告业和市场调研	卢森堡
第 3 位	行政和辅助活动	美国	焦炭和精炼石油产品的制造业	丹麦
第 4 位	批发贸易，但汽车和摩托车除外	德国	金融保险服务及其附属活动	塞浦路斯
第 5 位	化学品及化学制品的制造业	德国	金融服务活动，保险和养恤金除外	马耳他
第 6 位	采矿与采石业	挪威	水上运输	比利时
第 7 位	行政和辅助活动	法国	广告业和市场调研	加拿大
第 8 位	批发贸易，但汽车和摩托车除外	美国	采矿与采石业	马耳他
第 9 位	法律和会计活动，总公司的活动，管理咨询活动	美国	食品、饮料和烟草制品的制造业	印度
第 10 位	行政和辅助活动	德国	焦炭和精炼石油产品的制造业	墨西哥

2004 年				
排序	作为中间投入		作为最终产出	
	产业	所属国家	产业	所属国家
第 1 位	批发贸易，但汽车和摩托车除外	俄罗斯	家庭作为雇主的活动，家庭自用、未加区分的物品生产和服务活动	日本
第 2 位	采矿与采石业	俄罗斯	焦炭和精炼石油产品的制造业	丹麦
第 3 位	行政和辅助活动	美国	金融保险服务及其附属活动	塞浦路斯
第 4 位	采矿与采石业	挪威	广告业和市场调研	卢森堡
第 5 位	批发贸易，但汽车和摩托车除外	德国	广告业和市场调研	加拿大
第 6 位	陆路运输与管道运输	俄罗斯	采矿与采石业	马耳他
第 7 位	化学品及化学制品的制造业	德国	金融服务活动，保险和养恤金除外	马耳他
第 8 位	行政和辅助活动	法国	食品、饮料和烟草制品的制造业	印度
第 9 位	批发贸易，但汽车和摩托车除外	美国	焦炭和精炼石油产品的制造业	瑞典
第 10 位	行政和辅助活动	德国	水上运输	比利时
2005 年				
排序	作为中间投入		作为最终产出	
	产业	所属国家	产业	所属国家
第 1 位	批发贸易，但汽车和摩托车除外	俄罗斯	家庭作为雇主的活动，家庭自用、未加区分的物品生产和服务活动	日本
第 2 位	采矿与采石业	挪威	焦炭和精炼石油产品的制造业	墨西哥
第 3 位	行政和辅助活动	美国	焦炭和精炼石油产品的制造业	丹麦
第 4 位	采矿与采石业	俄罗斯	国际组织和机构的活动	墨西哥

排序	作为中间投入		作为最终产出	
2005 年				
	产业	所属国家	产业	所属国家
第 5 位	批发贸易，但汽车和摩托车除外	德国	焦炭和精炼石油产品的制造业	拉脱维亚
第 6 位	批发贸易，但汽车和摩托车除外	美国	采矿与采石业	马耳他
第 7 位	化学品及化学制品的制造业	德国	金融保险服务及其附属活动	塞浦路斯
第 8 位	陆路运输与管道运输	俄罗斯	广告业和市场调研	加拿大
第 9 位	行政和辅助活动	德国	焦炭和精炼石油产品的制造业	瑞典
第 10 位	行政和辅助活动	法国	广告业和市场调研	卢森堡
2006 年				
排序	作为中间投入		作为最终产出	
	产业	所属国家	产业	所属国家
第 1 位	批发贸易，但汽车和摩托车除外	俄罗斯	家庭作为雇主的活动，家庭自用、未加区分的物品生产和服务活动	日本
第 2 位	采矿与采石业	挪威	国际组织和机构的活动	墨西哥
第 3 位	采矿与采石业	俄罗斯	焦炭和精炼石油产品的制造业	丹麦
第 4 位	行政和辅助活动	美国	焦炭和精炼石油产品的制造业	拉脱维亚
第 5 位	批发贸易，但汽车和摩托车除外	德国	广告业和市场调研	加拿大
第 6 位	陆路运输与管道运输	俄罗斯	金融保险服务及其附属活动	塞浦路斯
第 7 位	批发贸易，但汽车和摩托车除外	美国	焦炭和精炼石油产品的制造业	瑞典
第 8 位	行政和辅助活动	法国	航空运输	斯洛伐克

	2006 年			
排序	作为中间投入		作为最终产出	
	产业	所属国家	产业	所属国家
第 9 位	行政和辅助活动	德国	食品、饮料和烟草制品的制造业	印度
第 10 位	化学品及化学制品的制造业	德国	航空运输	匈牙利

	2007 年			
排序	作为中间投入		作为最终产出	
	产业	所属国家	产业	所属国家
第 1 位	采矿与采石业	俄罗斯	家庭作为雇主的活动,家庭自用、未加区分的物品生产和服务活动	日本
第 2 位	采矿与采石业	挪威	出版活动	罗马尼亚
第 3 位	批发贸易,但汽车和摩托车除外	俄罗斯	焦炭和精炼石油产品的制造业	丹麦
第 4 位	行政和辅助活动	美国	焦炭和精炼石油产品的制造业	拉脱维亚
第 5 位	批发贸易,但汽车和摩托车除外	德国	广告业和市场调研	加拿大
第 6 位	行政和辅助活动	法国	焦炭和精炼石油产品的制造业	瑞典
第 7 位	行政和辅助活动	德国	焦炭和精炼石油产品的制造业	墨西哥
第 8 位	批发贸易,但汽车和摩托车除外	美国	食品、饮料和烟草制品的制造业	印度
第 9 位	法律和会计活动,总公司的活动,管理咨询活动	美国	航空运输	墨西哥
第 10 位	化学品及化学制品的制造业	德国	金融保险服务及其附属活动	塞浦路斯

	2008 年			
排序	作为中间投入		作为最终产出	
	产业	所属国家	产业	所属国家
第 1 位	采矿与采石业	俄罗斯	家庭作为雇主的活动，家庭自用、未加区分的物品生产和服务活动	日本
第 2 位	批发贸易，但汽车和摩托车除外	俄罗斯	焦炭和精炼石油产品的制造业	丹麦
第 3 位	采矿与采石业	挪威	出版活动	罗马尼亚
第 4 位	行政和辅助活动	美国	金融服务活动，保险和养恤金除外	马耳他
第 5 位	批发贸易，但汽车和摩托车除外	德国	国际组织和机构的活动	墨西哥
第 6 位	行政和辅助活动	法国	广告业和市场调研	加拿大
第 7 位	行政和辅助活动	德国	金融保险服务及其附属活动	塞浦路斯
第 8 位	批发贸易，但汽车和摩托车除外	美国	航空运输	墨西哥
第 9 位	陆路运输与管道运输	俄罗斯	焦炭和精炼石油产品的制造业	墨西哥
第 10 位	采矿与采石业	中国	食品、饮料和烟草制品的制造业	印度
	2009 年			
排序	作为中间投入		作为最终产出	
	产业	所属国家	产业	所属国家
第 1 位	采矿与采石业	俄罗斯	家庭作为雇主的活动，家庭自用、未加区分的物品生产和服务活动	日本
第 2 位	采矿与采石业	挪威	焦炭和精炼石油产品的制造业	丹麦
第 3 位	批发贸易，但汽车和摩托车除外	俄罗斯	航空运输	墨西哥

续表

2009 年				
排序	作为中间投入		作为最终产出	
	产业	所属国家	产业	所属国家
第 4 位	行政和辅助活动	美国	焦炭和精炼石油产品的制造业	墨西哥
第 5 位	批发贸易，但汽车和摩托车除外	德国	国际组织和机构的活动	墨西哥
第 6 位	行政和辅助活动	德国	金融服务活动，保险和养恤金除外	马耳他
第 7 位	批发贸易，但汽车和摩托车除外	美国	焦炭和精炼石油产品的制造业	波兰
第 8 位	行政和辅助活动	法国	焦炭和精炼石油产品的制造业	捷克
第 9 位	法律和会计活动，总公司的活动，管理咨询活动	美国	水上运输	法国
第 10 位	房地产活动	希腊	广告业和市场调研	加拿大
2010 年				
排序	作为中间投入		作为最终产出	
	产业	所属国家	产业	所属国家
第 1 位	采矿与采石业	俄罗斯	焦炭和精炼石油产品的制造业	丹麦
第 2 位	批发贸易，但汽车和摩托车除外	俄罗斯	家庭作为雇主的活动，家庭自用、未加区分的物品生产和服务活动	日本
第 3 位	采矿与采石业	挪威	航空运输	拉脱维亚
第 4 位	行政和辅助活动	美国	国际组织和机构的活动	墨西哥
第 5 位	房地产活动	希腊	金融服务活动，保险和养恤金除外	马耳他
第 6 位	行政和辅助活动	法国	广告业和市场调研	加拿大
第 7 位	行政和辅助活动	德国	航空运输	墨西哥

	2010 年			
排序	作为中间投入		作为最终产出	
	产业	所属国家	产业	所属国家
第 8 位	采矿与采石业	澳大利亚	焦炭和精炼石油产品的制造业	捷克
第 9 位	批发贸易，但汽车和摩托车除外	美国	金融保险服务及其附属活动	塞浦路斯
第 10 位	批发贸易，但汽车和摩托车除外	德国	食品、饮料和烟草制品的制造业	印度
	2011 年			
排序	作为中间投入		作为最终产出	
	产业	所属国家	产业	所属国家
第 1 位	采矿与采石业	俄罗斯	采矿与采石业	马耳他
第 2 位	采矿与采石业	挪威	航空运输	拉脱维亚
第 3 位	批发贸易，但汽车和摩托车除外	俄罗斯	家庭作为雇主的活动，家庭自用、未加区分的物品生产和服务活动	日本
第 4 位	行政和辅助活动	美国	焦炭和精炼石油产品的制造业	丹麦
第 5 位	采矿与采石业	中国	金融服务活动，保险和养恤金除外	马耳他
第 6 位	行政和辅助活动	德国	金融保险服务及其附属活动	塞浦路斯
第 7 位	房地产活动	希腊	广告业和市场调研	加拿大
第 8 位	批发贸易，但汽车和摩托车除外	德国	焦炭和精炼石油产品的制造业	斯洛伐克
第 9 位	行政和辅助活动	法国	国际组织和机构的活动	墨西哥
第 10 位	批发贸易，但汽车和摩托车除外	美国	焦炭和精炼石油产品的制造业	墨西哥

续表

排序	作为中间投入		作为最终产出	
	产业	所属国家	产业	所属国家
第1位	采矿与采石业	俄罗斯	采矿与采石业	马耳他
第2位	采矿与采石业	挪威	焦炭和精炼石油产品的制造业	丹麦
第3位	批发贸易，但汽车和摩托车除外	俄罗斯	家庭作为雇主的活动，家庭自用、未加区分的物品生产和服务活动	日本
第4位	行政和辅助活动	美国	金融服务活动，保险和养恤金除外	马耳他
第5位	房地产活动	希腊	金融保险服务及其附属活动	塞浦路斯
第6位	批发贸易，但汽车和摩托车除外	美国	广告业和市场调研	加拿大
第7位	行政和辅助活动	德国	航空运输	塞浦路斯
第8位	法律和会计活动，总公司的活动，管理咨询活动	美国	电、煤气、蒸汽和空调的供应	马耳他
第9位	批发贸易，但汽车和摩托车除外	德国	草编制品及编织材料物品的制造业	希腊
第10位	采矿与采石业	中国	国际组织和机构的活动	墨西哥

2012 年 — 表头（见上表"2012 年"）

排序	作为中间投入		作为最终产出	
	产业	所属国家	产业	所属国家
第1位	采矿与采石业	俄罗斯	邮政和邮递活动	卢森堡
第2位	采矿与采石业	挪威	水上运输	卢森堡
第3位	批发贸易，但汽车和摩托车除外	俄罗斯	焦炭和精炼石油产品的制造业	丹麦
第4位	行政和辅助活动	美国	金融服务活动，保险和养恤金除外	马耳他
第5位	行政和辅助活动	德国	家庭作为雇主的活动，家庭自用、未加区分的物品生产和服务活动	日本

2013 年

208

续表

		2013 年		
排序	作为中间投入		作为最终产出	
	产业	所属国家	产业	所属国家
第 6 位	批发贸易，但汽车和摩托车除外	美国	焦炭和精炼石油产品的制造业	墨西哥
第 7 位	房地产活动	希腊	广告业和市场调研	加拿大
第 8 位	采矿与采石业	中国	国际组织和机构的活动	墨西哥
第 9 位	法律和会计活动，总公司的活动，管理咨询活动	美国	采矿与采石业	马耳他
第 10 位	批发贸易，但汽车和摩托车除外	德国	草编制品及编织材料物品的制造业	希腊

附表 4　　　每个行业中国在 43 国（地区）中增加值供给
位于前 10 位的行业数量

年份	第 1	第 2	第 3	第 4	第 5	第 6	第 7	第 8	第 9	第 10	总和
2000	4	0	4	4	3	3	3	1	3	1	26
2001	4	0	2	9	2	2	3	3	1	4	30
2002	4	0	3	7	1	4	3	4	2	0	28
2003	3	2	4	6	4	1	3	3	1	1	28
2004	5	1	7	3	2	3	2	2	2	1	28
2005	6	2	7	4	3	1	3	1	1	2	30
2006	6	2	8	3	3	2	4	1	2	1	32
2007	5	6	5	3	4	3	3	2	0	1	32
2008	7	4	6	4	6	1	1	1	1	0	31
2009	8	5	5	6	4	2	0	0	2	2	34
2010	6	8	5	5	5	2	0	0	2	0	33
2011	9	6	5	4	5	2	0	1	1	1	34
2012	9	7	5	5	4	2	0	2	0	0	34
2013	10	6	7	4	4	1	0	1	0	1	34
2014	9	9	7	6	1	2	0	0	0	1	35

附表 5　　　　　　每个行业中国在 43 国（地区）中增加值需求
位于前 10 位的行业数量

年份	第1	第2	第3	第4	第5	第6	第7	第8	第9	第10	总和
2000	13	6	1	0	1	2	2	2	2	1	30
2001	11	6	2	2	0	2	1	1	0	2	27
2002	10	8	2	1	1	1	1	1	0	1	26
2003	8	8	3	0	2	0	3	1	0	1	26
2004	7	8	3	1	2	3	0	0	0	0	24
2005	9	8	3	3	3	1	0	0	0	1	28
2006	8	7	3	4	0	3	1	1	0	1	28
2007	7	6	7	2	3	1	1	2	0	1	30
2008	7	6	3	4	3	2	2	0	0	1	28
2009	9	5	4	4	4	2	0	1	0	1	30
2010	7	3	6	4	2	2	2	0	1	0	27
2011	7	5	4	4	2	2	2	0	0	1	26
2012	10	4	5	2	1	1	0	1	2	0	26
2013	9	4	5	4	2	1	1	1	1	1	29
2014	11	4	4	3	2	1	1	0	1	1	29

附表 6　　每个行业中国在 18 国中增加值供给位于前 5 位的行业数量

排名	2000年	2001年	2002年	2003年	2004年	2005年	2006年	2007年	2008年	2009年	2010年	2011年	2012年	2013年	2014年
第1	13	12	12	14	14	16	17	14	20	19	17	18	20	21	22
第2	9	9	11	6	7	8	8	11	6	7	9	7	5	6	5
第3	6	7	7	7	6	2	2	4	2	3	3	5	5	3	5
第4	2	3	1	3	2	2	3	2	3	4	3	1	3	4	3
第5	2	3	3	0	1	4	5	3	2	1	0	3	1	1	0
总和	32	34	34	30	30	32	35	34	33	34	32	34	34	35	35

附表 7　　每个行业中国在 18 国中增加值需求位于前 5 位的行业数量

排名	2000年	2001年	2002年	2003年	2004年	2005年	2006年	2007年	2008年	2009年	2010年	2011年	2012年	2013年	2014年
第 1	25	24	26	24	19	24	24	26	24	24	21	25	27	30	30
第 2	6	5	3	4	7	5	6	4	5	7	8	6	6	6	6
第 3	1	4	3	4	6	5	3	6	6	5	4	3	4	1	1
第 4	4	7	6	4	3	2	4	2	1	3	3	4	2	1	3
第 5	3	0	2	3	0	1	1	2	3	1	1	0	0	0	1
总和	39	40	40	39	35	37	38	40	39	40	37	38	39	38	41

附表 8　　　　　　　　　　SNA 中中间投入品的构成

SNA 中的类别	BEC 中的主要类型
中间货物	111 *　食品和饮料，初级，主要用于工业
	121 *　食品和饮料，加工，主要用于工业
	21 *　未另归类的工业用品，初级
	22 *　未另归类的工业用品，加工
	31 *　燃料和润滑剂，初级
	322 *　燃料和润滑剂，加工（不包括汽油）
	42 *　资本货物（运输设备除外）零配件
	53 *　运输设备零配件

211

附表 9　　　　　　　2000～2018 年中国进口中间投入品

各分类代表产品进口总额　　　　　　单位：亿美元

年份	初级产品	自然资源密集型	劳动密集型	低资本和技术密集型	中资本和技术密集型	高资本和技术密集型
2000	49.58	209.65	27.57	106.55	152.36	447.59
2001	59.52	177.52	28.52	105.75	189.79	513.03
2002	67.91	187.31	28.88	136.21	246.38	686.89
2003	95.57	265.27	31.29	173.74	325.58	1047.06
2004	191.87	410.08	36.44	220.26	413.77	1465.26

年份	初级产品	自然资源密集型	劳动密集型	低资本和技术密集型	中资本和技术密集型	高资本和技术密集型
2005	268.33	548.98	37.24	262.33	375.48	1849.60
2006	309.38	743.24	38.72	282.35	441.21	2283.44
2007	488.62	893.27	40.21	357.16	542.09	1182.05
2008	795.04	1406.12	43.56	415.31	637.98	1281.34
2009	663.25	998.91	36.39	359.68	580.97	1118.12
2010	1046.30	1501.02	41.57	473.16	921.88	1409.82
2011	1457.79	2174.43	50.16	611.32	1199.78	1508.83
2012	1266.59	2443.63	55.16	614.48	1073.40	1652.65
2013	1406.54	2455.35	58.15	678.36	1084.03	1685.44
2014	1310.42	2547.71	61.97	675.22	1239.55	1722.02
2015	886.29	1629.23	61.56	560.90	1012.83	1607.47
2016	903.18	1493.48	58.53	526.18	1019.96	1486.17
2017	1174.21	1987.62	65.39	631.28	1034.67	1419.26
2018	1213.79	2778.70	82.68	743.22	1096.67	1504.95

资料来源：根据 Uncomtrade 的数据计算而得。

附表 10   2005~2015 年东盟 10 + 3 价值链网络出度中心性排位

排名	2005年	2006年	2007年	2008年	2009年	2010年	2011年	2012年	2013年	2014年	2015年
1	JPN	JPN	JPN	JPN	JPN	JPN	JPN	JPN	CHN	CHN	CHN
2	CHN	CHN	CHN	CHN	CHN	CHN	CHN	CHN	JPN	JPN	JPN
3	KOR	KOR	KOR	KOR	KOR	KOR	IDN	IDN	KOR	KOR	KOR
4	MYS	IDN	MYS	IDN	IDN	IDN	KOR	KOR	IDN	IDN	IDN
5	SGP	SGP	SGP	MYS	MYS	MYS	MYS	MYS	MYS	MYS	MYS
6	IDN	MYS	IDN	SGP	SGP	SGP	THA	SGP	THA	SGP	SGP
7	THA	THA	THA	THA	THA	THA	SGP	THA	SGP	THA	THA
8	BRN	BRN	BRN	BRN	BRN	BRN	BRN	BRN	BRN	BRN	BRN
9	PHL	PHL	PHL	PHL	PHL	PHL	PHL	PHL	PHL	PHL	PHL
10	VNM	VNM	VNM	VNM	VNM	VNM	VNM	VNM	VNM	VNM	VNM

附表 11　　2005~2015 年东盟 10+3 价值链网络入度中心性排位

排名	2005年	2006年	2007年	2008年	2009年	2010年	2011年	2012年	2013年	2014年	2015年
1	MYS	VNM	VNM	VNM	MYS	MYS	MYS	MYS	MYS	MYS	MYS
2	VNM	MYS	MYS	MYS	SGP	VNM	VNM	SGP	SGP	SGP	SGP
3	THA	THA	SGP	SGP	THA	SGP	SGP	THA	THA	THA	THA
4	SGP	PHL	THA	THA	VNM	THA	THA	VNM	VNM	VNM	VNM
5	KOR	SGP	PHL	KOR	KOR	PHL	KOR	KOR	KOR	KOR	PHL
6	IDN	KOR	KOR	PHL	PHL	KOR	PHL	PHL	PHL	PHL	KOR
7	PHL	CHN	CHN	JPN	CHN	CHN	JPN	JPN	JPN	JPN	JPN
8	CHN	JPN	JPN	IDN	JPN	JPN	CHN	CHN	IDN	IDN	IDN
9	JPN	BRN	BRN	CHN	BRN	BRN	BRN	BRN	CHN	CHN	BRN
10	BRN	IDN	IDN	BRN	IDN	IDN	IDN	IDN	BRN	BRN	CHN

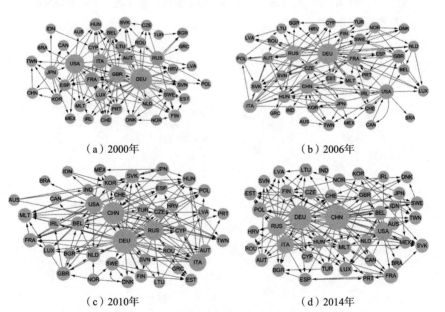

（a）2000年　　　　　　　　　　　（b）2006年

（c）2010年　　　　　　　　　　　（d）2014年

附图 1　WIOD 中各国（地区）商品出口中使用的国（境）外商品增加值

资料来源：作者绘制。

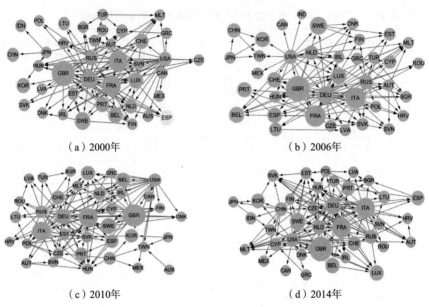

（a）2000年　　　　　　　　　　（b）2006年

（c）2010年　　　　　　　　　　（d）2014年

附图2　WIOD 中各国（地区）商品出口中使用的国（境）外服务增加值

资料来源：作者绘制。

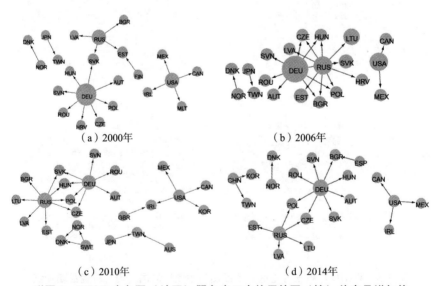

（a）2000年　　　　　　　　　　（b）2006年

（c）2010年　　　　　　　　　　（d）2014年

附图3　WIOD 中各国（地区）服务出口中使用的国（境）外商品增加值

资料来源：作者绘制。

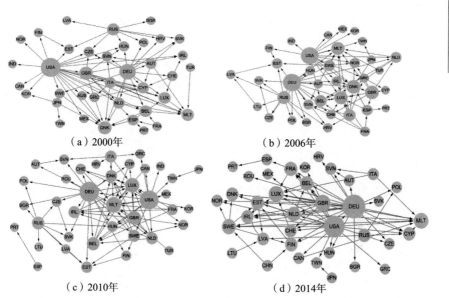

（a）2000年　　　　　　　　　　　（b）2006年

（c）2010年　　　　　　　　　　　（d）2014年

附图 4　WIOD 中各国（地区）服务出口中使用的国（境）外服务增加值
资料来源：作者绘制。